孙为东 著

古玉鉴真

战汉玉器篇

玉有五德 温润而泽 有似于智
锐而不害 有似于仁 抑而不挠 有似于义 有瑕于内
必见于外 有似于信 垂之如坠 有似于礼
——《五经通义·礼》

厦门大学出版社
XIAMEN UNIVERSITY PRESS
国家一级出版社
全国百佳图书出版单位

玉　龙

玉辅首

玉凤鸟

龙形玉佩

龙形玉佩

龙型玉佩 局部沁色

三凤出廓玉璧

谷云纹玉璧

谷云纹玉璧

玉酒杯

玉高足杯（一对）

双螭相对

玉　人

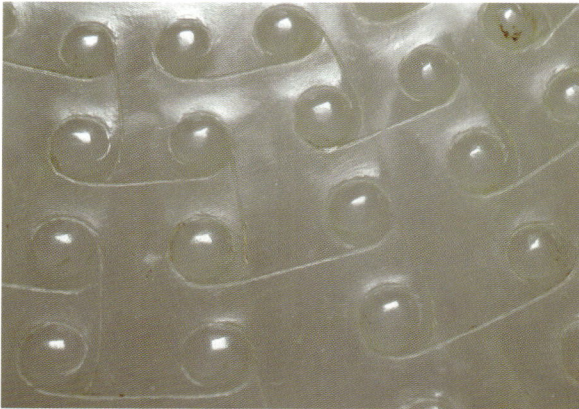

游丝毛雕

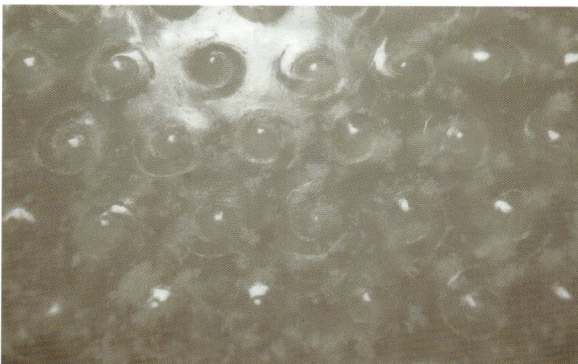

饭糁白

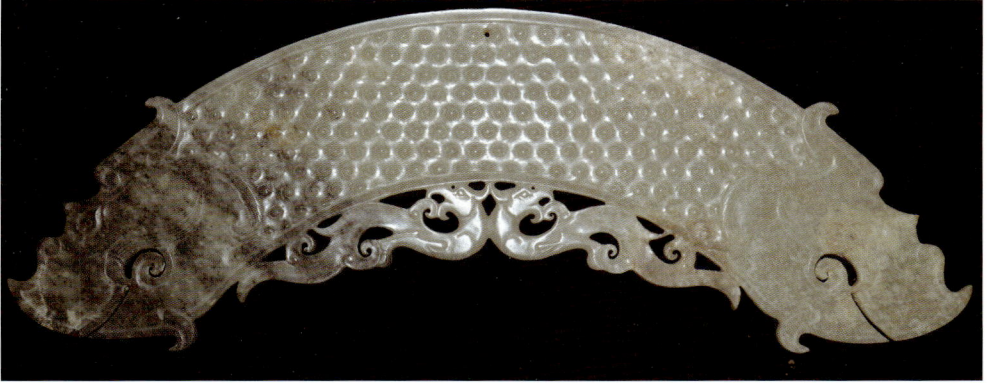

玉　璜

龙形玉璜

出廓螭纹玉璧

玉酒杯 光照效果图

鸡骨白的形成

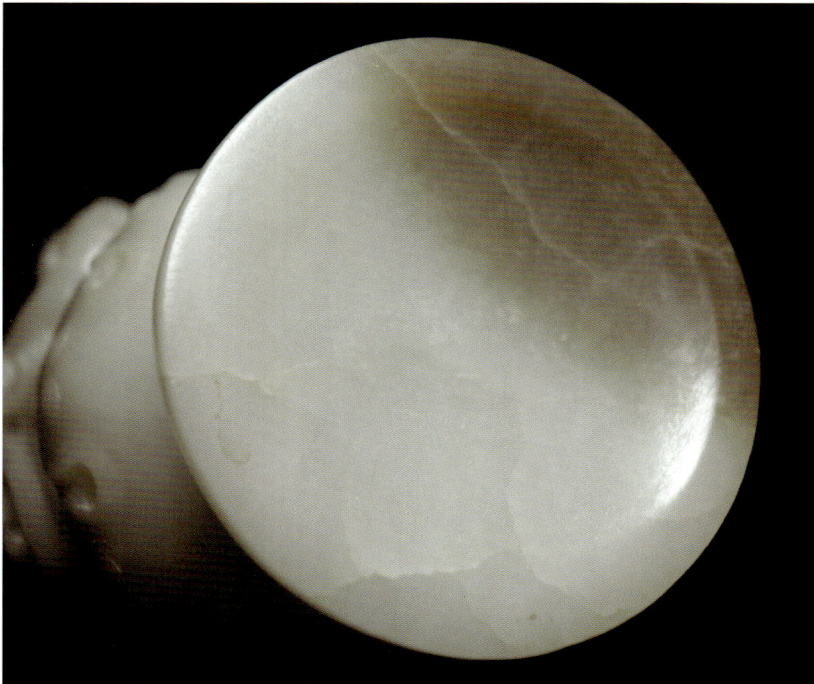

栗色沁

目录

序

　　为东先生要我给他的《古玉鉴真——战汉玉器篇》作序，有点诚惶诚恐！

　　我与为东先生是在陕西省文物局的"汉唐论坛"上认识的。我们都被聘为这个论坛的版主，他侧重于"博物天地"，我则主持"考古客栈"栏目。虽然没有见过面，但从他的发帖与回帖中，感到他对玉器有着特别的嗜好与研究。后来，在陕西省文物局召开的汉唐网工作会议上，我们见了面，方知他是福建省收藏协会的。谈话交流与共同参观博物馆中，发现他思路开阔，功力不菲，对古玉的点评有许多独到之处，有些观点还与文博行当的所谓业内人员甚至专家的见解相悖。这些问题往往超出收藏的范畴，处于学术研究领域的前沿，这就不得不让我对他刮目相看。我在文博、考古这行当虽工作了几十年，但玉器方面的修为远不如为东先生，所以不敢说三道四。收藏虽然与文博、考古在器物上有一些联系，但考古与古器物鉴定毕竟不是一回事，特别是就玉器而言，差距就更大了。因此，我提出推荐一位玉器方面的专家给他作序，但他低调做事的态度又深深地震撼了我，他要"悄无声息地做完这件事情"，再三告诉我"悄悄的最好"。于是，恭敬不如从命，我只好写出一些不着边际的话，聊作序了。

　　大量的考古发现表明，我国玉器艺术在距今 8000 年以前已经出现，发展到距今 5000 年的时候，以良渚文化与红山文化为代表的玉器，就把中国玉器文化的发展推到高峰。近百年来的考古发现，给古玉文化的研究提供了极为宝贵、可靠的资料，自吴大澂《古玉图考》开启了古玉研究的先河后，近几十年来，国人对古玉的收藏、研究兴趣渐浓，玉器研究方面的资料相当丰富，科普类读物五花八门，古玉研究呈现出百花齐放、成绩斐然的喜人态势。这为喜爱玉器的人们提供了广阔的天地和学习平台。为东先生的《古玉鉴真——战汉玉器篇》，可以说就是在这个玉器收藏文化热潮中问世的一部集玉器学习、研究于一体的佳作。

对于初涉玉器的大多数人来说，似乎都有一个辨别质地优劣与真伪的问题。其实，这并不重要，重要的是找到一个好的学习途径和方法。鉴定玉石质地优劣，除经验外，还可以借助仪器。但对古玉器，至今还没有现代化的科技鉴定手段，靠的全是经验，靠的是眼看手摸，这确实有主观的东西在里面，但目前而言，严重依赖感觉的情况还是无法取代。把考古这门学科看作经验学科，这不无道理。看《鉴宝》节目，常常看到一些人把古玉器赝品说成真品，而且这些说法大多出自一些有影响的专家。这并不奇怪，因为所有关于古玉的鉴定意见，都是主观的经验判断，那怕是再权威的专家。因此，经验的积累显得尤为重要。经验虽然是主观的，但它不是凭空捏造的，而要以考古学为基础。利用考古资料建立的断代标准，借鉴考古学的方法，依照器物的形制、地层关系，共出器物的组合，确定其相对或绝对年代，是目前古玉鉴定中唯一可以借鉴的科学手段。

在古玉器的学习和研究中，为东先生紧抓住这个关键环节，利用考古资料所建立的古玉发展的时空架构，对凡是经过考古工作者考古发掘出土的玉器，盯住时间年代这个关键不放，进行细致的观察、分析、对比，在前辈研究的基础上，吸取了他们的研究成果，掌握了一套识别古玉器的有效方法。他不但注重古玉的形制、质地方面的研究，更注重对纹饰的发展变化和古代先民雕琢玉器工艺技术的研究。他认为纹饰的起源、发展、演变都有其自身的轨迹，每一个变化都具有时代的特征，是判断时代的重要依据。经过对饕餮纹、云纹、云气纹、螭纹的深入分析，对特定纹饰所体现出的特定年代提出自己的观点。

雕琢玉器工艺技术则是判断古玉真伪的主要因素。明人高濂说："汉人琢磨，妙在双钩，碾法宛转流动，细入秋毫，更无疏密不匀，交接断续，严若游丝白描，毫无滞迹。刚卯上的刻字，其实钩字之细，其大小图书，碾法之工，宋人亦自甘心。"为东先生对此更有自己的心得体会。他认为，现代人的作伪技术无论怎么高明，都无法与先民的雕琢技艺一致，即便是以旧玉新雕的手法制假，在不同时段雕琢的花纹痕迹也不一样，总会留下蛛丝马迹。从这些雕琢痕迹中看出破绽，需要相当的功力。为东先生依据自己的经验，对几件很有影响的传世玉器的真伪提出大胆的质疑。如民国时期洛阳金村一座被盗古墓出土的玉器，在国内外学术界很有影响，著名学者唐兰先生曾将这座墓葬的时代定为东周，这座墓葬出土的玉器也一度被当作东周的标准器。但为东先生借鉴考古学的方法，以其独特的视觉，对其器型进行深入研究，否定了战国说。没有深厚的功底与综合判断能力，很难做到这点。为东先生发现汉代玉器上的管钻技艺非常特殊，加工痕迹非常细，甚至比发丝还细，可以用蚕丝来形容。为东先生研究了这种独特的雕琢工艺后提出，虽然良渚文化玉器上就使用过管钻技艺，但西汉时期的管钻技艺特点鲜明，除了汉代玉器外，其他朝代的玉器上都没有这种特征，这样的管钻加工痕迹也无法仿制，把这种工艺特征作为鉴定汉代玉器的依据是可信的。

长期以来，受《周礼》等文献中的宇宙与宗教观念的影响，诸如在对"六器""六瑞"的研究中，形而上的意义的探讨，淡化或转移了人们对古代玉器礼制以外社会形态和生产力状况的分析和研究。实际上，古玉研究中，形而上与形而下是两个完全不同的学习和研究方法。就古玉的断代而言，真伪是绝对的，结论只有一个，必需靠形而下的方法来解决。而玉器的功能，如它的礼仪、宗教意义，则是中庸的抽象的，属于形而上的，可以争鸣。在玉器的学习与研究中，为东先生突出唯物主义的历史观，不被形而上的思维所牵制，提出许多新颖的观点，对传统说法提出挑战。比如，现在许多人认为北斗七星名字中有天璇、天玑的名称，就认为玉璇玑是观测天文星象的。可为东先生却认为，玉璇玑的出现时间要比史书记载的七星名字早得多。人类文明史是以生产工具为核心的文化发展史，首先是从生产工具的变化和发展开始的。新石器时代的考古工作中获取的大量的实物资料首先是生产工具和生活用品。从玉石文化的发展看，最先出现的应该是生产工具，玉璇玑虽然也可称为观测天象的工具，但其却包含有浓厚的道教思想，不可与一般的工具同日而语。经过对玉璇玑造型的详细观察和研究，不难看出其具有明显的旋转功能，因此，玉璇玑最初并不是用来观测星象的，而是一种早期的切割工具。有人把它与观测天象进行联系，认为玉璇玑的翘牙对准固定的星体，再观测定位周围的星体。其实这是做不到的，翘牙适合绑扎使用，在观测上起不到任何作用。因此，玉璇玑主要是作为早期的切割工具使用，用于切割绳索、木头、稻草等软性纤维。

　　为东先生很自信的说："有的东西，我确实不认识，但是我可以看出它的真和假来，我没有很丰富的理论知识，但是我会痕迹鉴定，只要些细微的痕迹，我都不会放过，一件东西做过手脚的和没有做过的是不一样的。"他从实践中所积累的这些技巧就是经验，就连长期从事一线考古工作者，也不得不对其刮目相看。

　　我的这些话虽然不能概括这本著作的全部与作者的创作思想，但我拜读本书后确实受益匪浅，相信广大读者也会从中汲取对个人有用的东西。这些不着边际的话作为序言置于一部很有鉴赏与学术意义的著作之前，实在有些不相称。不过，读者若能在阅读本书内容之前，能对本书作者的创作思想有一点了解，从而增加阅读兴趣，那么这些称之为序的文字，便不算白白地浪费纸张和读者的精力了。

刘明科

2012 年 12 月 22 日

绪 论

　　真伪，历来都是古玉收藏者回避不了的现实，收藏者最关注的问题即古玉的真假。为了掌握辨别真假的技术，参考相关书籍是必不可少，在众多书籍当中挑选一本适合自己学习的书籍，尤其重要。

　　古玉书籍众多，有的关注收藏，有的是文博专业的研究文献。收藏类书籍中的错误很多，许多人以自己手中的藏品为依据展开论述和分析，文博专业文献习惯罗列材料，而后进行分类，得出结论，作者缺少鉴别古玉真伪的知识。两者各有缺憾，更深刻的原因在于古玉研究和鉴定人员只有分工没有合作，造成假古玉泛滥。有些文献只是罗列材料，有些文章更离谱，把玉琮写成可以食用的，写成轴承套……主流文献中，玉器多被视为礼器，甚少分析其实用功能。

　　古玉真真"假假"，需要研究者和收藏者都掌握鉴别古玉的常识和理论依据。古玉鉴定主要从材质、做工、器型、纹饰和沁色方面入手，本书也主要从这些方面入手分类论述。论述时主要依据出土器物，结合十几年的研究心得，以战汉玉器为重点。

　　材质方面，战汉时期的材料以新疆和田玉为主，杂有且末玉；主要颜色以青白为主，少见白玉；不分山料水料；相对现代和田玉石，总体硬度偏硬。

　　玉石加工方面，以麻绳切割开始，对玉石加工工具的演变过程进行了推演，简要分析玉石加工工具的特点及技法特点，在普遍性中找出特殊性。

　　玉器器型演变过程较长，最终作为礼器而受推崇，受其影响，分析者往往在分析早期玉器时进行附会，忽略其实用功能。本书则认为原始玉石工具重实际使用，工具性能衍退后才作为装饰器物。商周时期是玉石文化发展的特殊时期，玉石被纳入社会象征体系，被礼器化。本书还推演了一些玉器器型的实际使用功能。

纹饰从无到有，从简单到繁复，其过程也漫长复杂，但少有人研究，但以之来辨识古玉，却比较可靠和实用，本书因此专辟一章来分析纹饰的问题。揭示玉器常见纹饰传承和发展的过程，对饕餮纹、云纹、云气纹、螭纹及西汉玉舞人进行了详细分析，对特定纹饰进行断代。

沁色的问题比较多，就沁色来鉴定玉石年代犯错的几率较大，甚至许多专业文章也语焉不详或者含糊带过。本书的这一部分文章主要介绍以科研研究为对象的玉器沁色实验，以温度对玉石产生的作用为主要依据，描述沁色形成的主要原因，解答收藏者对于沁色成因的疑惑。

通过学习和摸索，掌握上述五个方面的理论知识后，通过实践，在判断古玉方面有了经验的积累；才算是掌握了判别古玉真假的常识。

区别真和假是个提高的过程，关键在于多看真玉，如果参照物有问题，形成的观念也会错，这样得出的判断就不可信。在长期的鉴赏中，作者发现已有的传世玉器的断代也有不少问题，例如故宫螭纹玉璧和故宫对螭璧的断代就是错的，将该两件玉器与广州南越王墓出土的玉器进行比对，题材、纹饰上都有鲜见的错位。本书呈现这一分析的详细过程，揭示具体的思路，读者仔细品味，有利于提高鉴赏能力。故宫旧藏如此，海外遗珍亦同。造成这些问题的一个重要环节是随民国时期金村出土的器物流传海外时出现的大量仿制品，将这些仿制品作为标准器，相关的判断当然是错误的。

本书对民国时期金村出土的器型进行分析，对于金村出土器物提出质疑，否定了其中错金银狩猎纹镜和玉琉璃镜的断代。

有了这些思考与探索，作者进一步大胆质疑和氏璧的材质、夜光杯的发光原因、猪龙和 C 龙的器型就是理所当然的，虽不期望成为定论，但总是一家之言。最后，本书还概括了龙纹的演变过程。

　　古代玉器是一部没有文字的历史书，读懂读出信息，就需要有古玉鉴别方面的知识，不管是文博研究者还是古玉收藏者，通过学习和研究，形成对传世器物和参考资料的正确判别，文章有高低，观点有对错，吸收正确的观点，才能形成有条理的思维，希望本书能对读者起到一个正确的引导作用。

第一章 玉石文化

"石之美者为玉"，玉也是石头的一种。从打磨工具到雕琢精美的饰物，人类发现玉石之美，逐渐学会分辨玉石。

"石之美者"的概念，统括了珠宝玉石和各类矿物。现代玉石，按材质硬度分为两类：软玉和硬玉。软玉，一般指和田玉；硬玉，专指翡翠。

在中国文化中，和田玉的使用和推崇，是玉石文化的重要组成部分，翡翠的使用，以近代为主；在和田玉使用之前，还有许多地方性的玉石文化，共同构成了中国的玉石文化。

玉石起源

目前考古出土最早的玉器，是辽宁海城小孤山古人类洞穴遗址出土的蛇纹石制成的三件砍斫器，距今约一万多年，这是最早发现的玉器。加工粗糙，玉石用作打磨工具的材料，用以加工器物。

旧石器时期，人们打磨石头，制造出简单的切削工具，从加工粗糙的石头到精细打磨的石头，社会文明进入了新石器时期。在打磨石头的过程中，人们发现，不同石头打磨出来的器物，手感和颜色存在不同；不同种类的石头，打磨难易程度不同，有些很容易，有些很难，打磨花岗石和岫岩玉的过程存在明显不同；打磨完成后，器物的观赏性，使用的舒适程度也不一样……人们自然区分出石头和玉石，催生了最早的地矿识别知识。

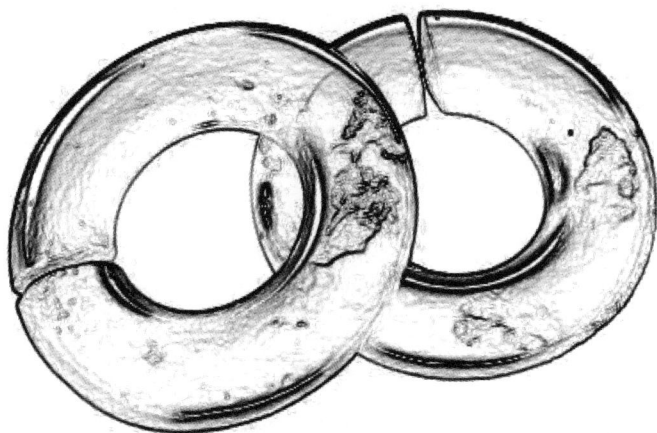

图 1-1　玉　玦

内蒙古兴隆洼文化遗址

　　新石器时期，精细打磨的玉石器物出现。距今约 8000 年，内蒙古东部的兴隆洼文化遗址出土了一对玉玦（图 1-1），形似耳环，这是出土年代最早的装饰玉器；同一时期出土玉石器物的还有辽宁阜新的查海文化，从出土的玉石器物看，最早使用的玉石为透闪石玉，是辽宁岫岩地区的河磨玉石。玉石材料的区分和使用，标志着玉石文化的开始。

图 1-2　石磨盘和石磨棒

新石器时期　　河南新郑裴李岗文化遗址

新石器时期，人们喜欢使用各种玉石，制作成各种工具和装饰器物。玉石制作成石矛、箭镞打猎，制作成斧头切割、砍削……为了制作麻绳、麻布，要使用大量粗纤维，为了获得粗纤维，就要加工树皮、树叶、木材、稻草等，进行这些生产，古人发明了各种玉石工具——玉璋用以切削树皮，玉斧可以用来砍劈木材，玉钺可以用来起土……

兴隆洼文化遗址中发现小米，人们已经开始农耕作业，相应就要使用农业生产工具；距今 7000 年的河南新郑裴李岗文化遗址上出土了石磨盘和石磨棒（图 1-2），用来进行粮食加工。

工具和武器没有明显区分，只有使用场合的不同。狩猎增多，逐渐出现适合狩猎使用的工具，狩猎需要射杀猎物，这种对抗和部族之间的冲突非常相似，有些生产工具逐渐发展成武器。经过演化和改良，出现刀、钺、剑、戈等。玉石器物的器型是逐渐发展和演变的，有些继续发展，有些逐渐消失。

表 1-1 部分玉石种类和使用情况

种类	产地	硬度	比重	最早出现使用
岫岩玉	辽宁省鞍山市	2.5～5.5	2.5～3.02	内蒙古兴隆洼文化、红山文化
蓝田玉	陕西蓝田山	3.0～4.0	2.6～2.8	龙山文化
梅岭玉	江苏溧阳小梅岭	5.0～6.0	～2.98	安徽凌家滩遗址、浙江良渚文化
独山玉	河南省南阳市独山	6.0～6.5	2.73～3.29	仰韶文化、大汶口文化、龙山文化
龙溪玉	四川汶川龙溪	5.5～6.0	2.95～3.01	四川金沙遗址
和田玉	新疆昆仑山和田县	5.5～6.5	2.66～3.17	齐家文化 河南殷墟妇好墓
酒泉玉	甘肃祁连山脉	4.8～5.5		齐家文化
鸳鸯玉	甘肃武山县鸳鸯镇			齐家文化
马衔山玉	甘肃马衔山			齐家文化
地方玉	山东邹县、莱阳县			龙山文化

　　凡是漂亮的石头都是玉石，这些玉石大多就近取材，就地使用，在青铜器物出现之前，玉石是加工生产工具中的主要原材料，也用于装饰。红山先民使用岫岩玉加工器物，仰韶先民用独山玉料制造玉铲和玉璜；良渚先民使用江苏溧阳小梅岭出产的梅岭玉。玉石制作需求大增，有些地方玉石不敷，需要从别的地方运输而来。梅岭玉使用地域相对较广，江苏、浙江，安徽以及环太湖地区都出土过；商代金沙遗址出土的玉石器物多用四川本地产的龙溪玉（表1-1）。

　　玉石器物的出现，带有明显的地域性，早期交通不便，玉石生产受交通的限制，呈现浓郁的地域色彩，辽宁有岫岩玉，河南有南阳玉，陕西有蓝田玉，甘肃有酒泉玉，新疆有和田玉，水晶、绿松石等宝玉石也各有产区，工匠们也都就地取材。以河南省南阳市黄山遗址出土的龙山文化玉斧为例（图1-3），这是最早使用南阳玉加工成的器物。

　　玉石的硬度不同，加工难度也不同，地方性玉石出现的年代也不同，种种因素促成地方性玉石文化的发展。年代、地域、硬度三者结合起来，可以判断一个玉石器物所属的大致文化时期，兴隆洼玉石和良渚玉石的材质存在明显不同，很容易区分。

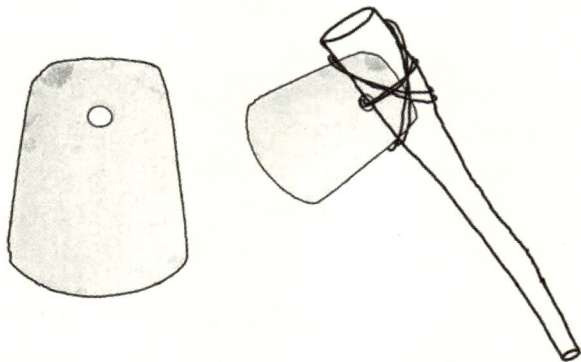

图 1-3　玉斧　龙山文化

河南省南阳市黄山遗址出土

玉石文明

从出土的器物看，辽宁仙人洞中出土的砍砸器是玉石文明的开始，早期的玉石器物加工简单。到了新石器时期，出现精细打磨的玉器，玉石文明也随着发展。

以地方性玉石来区分地域文明，可以把新石器出现的这些玉石文化归入不同的地域文明中。

表 1-2 新石器时期部分文化名称和年代

名称	距今年代	发现地	地域分布
兴隆洼文化	~8000	内蒙古敖汉旗宝国吐乡兴隆洼村	中国北方地区
裴李岗文化	6600~7300	河南新郑的裴李岗村	黄河中游地区
河姆渡文化	5300~7000	浙江余姚河姆渡	中国长江流域下游地区
仰韶文化	5000~7000	河南省三门峡市渑池县仰韶村	黄河中游地区
磁山文化	~7000	河北武安县磁山	中国华北地区
大汶口文化	4500~6300	泰安市岱岳区南部大汶河北岸	泰山周边地区
红山文化	5000~6000	内蒙古自治区赤峰市红山遗址	辽河上游流域
凌家滩遗址	5300~5600	安徽省含山县铜闸镇凌家滩村	
薛家岗文化	4800~5500	安徽潜山县薛家岗遗址	大别山以东、巢湖以西江淮之间
良渚文化	4200~5300	杭州城北余杭区良渚镇	长江下游的太湖地区
齐家文化	4000~5000	甘肃广河齐家坪	甘肃
马家窑文化	4000~5000	甘肃省临洮县的马家窑村	黄河上游地区及甘肃、青海
石家河文化	4000~4600	湖北省天门市石河镇	长江中游地区
龙山文化	3950~4350	济南市历城县龙山镇城子崖遗址	黄河中下游地区

有些文化，年代久远，情况不详。崧泽文化距今约 4800 年，因发掘于上海青浦区崧泽村而得名。崧泽文化上承马家浜文化，下接良渚文化。上海青浦福泉山墓葬出土了大量的良渚文化玉器（图 1-4）。山西襄汾县陶寺文化、河南陕县庙底沟二期文化都出土了大量精美的玉器，使用的料石有石英岩、

硅质岩、透闪石岩、蛇纹石岩等，器物有工具，也有玉饰；同时出土的还有陶器、石器、竹木器。新石器时期的玉石器物承载了许多历史信息，内容和式样很丰富，分布范围也很广。

　　料石的软硬程度不同，打磨起来难易不同，所以器物的工艺和精美程度不同；岫玉硬度（2.5～5.5）最低，是北方地区最早使用的透闪石。生产力的提高，工具不断革新，加工技艺也不断改进，打磨高硬度的料石成为可能。

图 1-4 玉 璧

良渚文化　上海青浦福泉山墓葬出土

　　许多观点认为，玉石器物最初是作为礼器使用的，这是将玉石器物当成精神崇拜的载体，但远古玉石文明的内涵并非如此。玉石加工耗费大量人力物力，生产力低下的环境中，如此进行精神崇拜过于奢侈，玉石器物当有更实际的用途。玉石器物的产生，是生产力发展推动的结果，玉石器物最先具备劳动生产和生活需求的功能，继而出现在装饰中，作为审美的载体。

新石器时期的玉石文化，以地方性玉石为主要原料，在小范围内流通和使用，形成局部的地域性文化。地域性玉石文明的繁荣，促使玉石加工行业发展起来，玉石加工技术的不断提高，玉石硬度的高低，决定了玉石能被打磨和使用出现的时间，这和各个地区的文化进程相关联，当治玉工艺成熟到了一定时期，人类追求更美好的玉石，和田玉出现了，和田玉器开始使用和流行。中原玉石文化兴起以后，新疆的玉石文化才开始发展，新疆盛产和田玉，这种玉石材料硬度比较高，技术条件不成熟的时候很难加工。

和田玉以昆仑山地区为主，但昆仑山海拔高度不同，所产玉石也有偏差，新疆且末产的玉石相对偏软，现代青海料偏石性。

从和田玉石的使用情况分析，目前在新疆地区发现和出土的早期和田玉器物比较少，目前已知最早出现使用和田玉的是齐家文化，新疆罗布泊地区的楼兰遗址也出土过和田玉制作的玉器。

齐家文化开始使用新疆和田玉，和田玉流传到甘肃，从甘肃到商代河南地区，逐渐进入中原，《周易·既济》记载："高宗伐鬼方，三年克之。"这场战争，有学者认为是为了和田玉石。不管是否属实，早在商代之前，鬼方部落就已经在使用和田玉了。自从鬼方战败后，和田玉石就开始作为贡品进入中原王朝和作为商品进入中原地区流通，自商朝开始，和田玉石出现在中原地区，商朝殷墟妇好墓葬出土了许多和田玉器物，妇好墓出土玉器所用玉石种类颇多，研究者有南阳玉与和田玉之争，江西新干商朝大墓也出土了很多和田玉器物。商朝出现"玉石之路"。和田玉成为中原玉石文明的主角。

火的文明

玉石文明的产生，伴随着火的文明，每一种文化和文明，不单单是一个因素的结果，往往是几种因素叠加的结果。在文明进程中，材料因素至关重要，石头、陶土、玉石、青铜、料器、铁器等，都是文明进程中的重要因素。

火的使用是中原文化文明的重要内容，中国有五千多年的历史，出现各种文明，每个文明的产生都和火相关联，和火焰的燃烧温度相关。

陶器的出现时间很早，原始的柴火能把泥土烧制成陶器，湖南道县玉蟾岩遗址出土的陶釜，经碳 14 年代测定为迄今约 13000 多年。燃烧草木的过程中，泥土烧制成陶器，制作陶器的过程中，火焰的燃烧温度不断提高；这个过程中出现了各种文化特点的陶器，马家窑文化的彩绘陶器，龙山文化的黑陶，等等。

劳动生产需要结实的生产工具，石头打磨成的工具，成为各式生产工具。在制作打磨石器的过程中，玉石替代坚硬的花岗石。到新石器时期，玉石成为主要材料，用来制作生产工具和生活用具。

原始人类花了六七千年的时间提高了火焰的温度，从柴火到煤，燃烧温度提高到了 1000 多度。铜的熔点是 1084℃，人工能达到这一温度时，青铜文明出现了。

青铜的出现，青铜器物替代玉石器物，玉石器具逐渐消亡，玉石的实用功能逐渐消失，但其装饰功能还在。

中国人在公元前 2000 多年前的夏朝进入青铜文明，禹铸九鼎的传说就发生在这个时候。河南二里头文化出土了早期青铜器物，之后，青铜文明延续了很长的时间，三星堆文化是青铜文明的顶峰。

铁器的出现，标志了又一崭新文明的开始；这一过程中，战争起了催化作用，先有陨铁被打造成兵器，铁与铜的对抗中，铁器胜出。铁的熔点高达 1534℃，温度从 1000 多度提高到 1500 多度，人们又花了 1500 多年。在中国，铁器出现于战国末期。

青铜文明前的玉器，大多作为生产工具，青铜文明出现后，玉器主要是装饰品和奢侈品，在礼制社会里，逐步规范使用。

料器 剑璏

料器 衣带钩

图 1-5 琉璃料器

在玉石与铁器之间，随着人工火焰温度的升高，还出现料器这一特殊的器物，料器以琉璃为主，琉璃的熔化温度在 1200℃~1500℃，与铁的熔点相近，所以，铁器和料器的出现时间基本相同。

料器的烧制很困难，价格昂贵，身份比较尊贵，这时的人工火焰温度控制还不稳定，琉璃未完全熔化，造成料器质地疏松，容易碎裂，导致了料器最终没能流行。

琉璃料器的出现，是中西方文化交流的结果，中原的琉璃技术源自西方，在制作的过程中，料器的形制与玉器大体相同（图 1-5），以满足中原地区对玉石器物的喜好。

玉石文化

　　青铜器物出现之后，玉石器物主要用于装饰，追求美丽。各种玉石中，和田玉成为标准，相对青铜来说，玉石比较稀少，和铜矿石比较起来，玉石更珍贵，加上加工难度高，玉石器物的使用等级逐渐上升；青铜器物相当昂贵，只有贵族才用得起，普通家庭只用得起陶器，玉器又比青铜器物贵重，只有大富贵的人家才用得起，玉器成了奢侈品。在祭祀中，对祖先遗留玉器的崇拜演变成制作玉石器物来祭拜。

　　玉石器物的形制是逐渐发展出来的，根据实际使用出现的造型，演化成为装饰品，内蒙古自治区敖汉旗兴隆洼遗址 109 号居室墓出土的玉饰（图1-6），从使用痕迹看，类似针，后来失去使用价值，具体器型无法猜测，现代印第安部落还在使用同样的器型；这些器型逐渐成为装饰器；两边穿孔就成了璜，到两周时期，玉璜发展成组佩。玉璋，玉琮（图 1-7）退出实际使用更早。

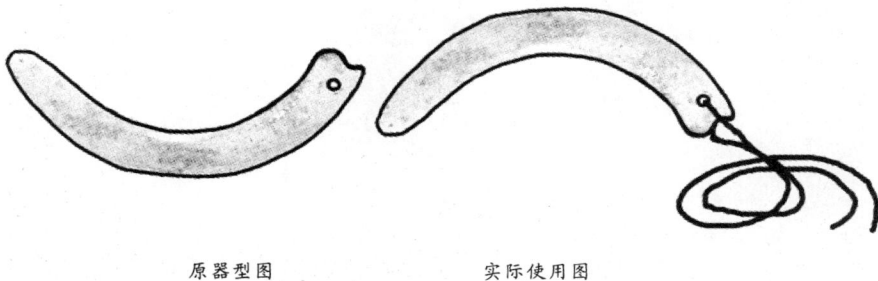

原器型图　　　　　　　　　　实际使用图

图 1-6 玉 饰

内蒙古敖汉旗兴隆洼遗址 109 号墓出土

　　东周战国，《周礼》出现，礼乐制度以玉器为载体，玉器成了规范礼仪和社会等级的器物，战汉时期是玉石文化鼎盛的时期，铁制工具的出现，使玉器加工相对容易，时下流行厚葬，玉器需求大增。

至东汉，社会动荡，玉器制作走向衰落。这一时期，道家外丹学派兴起，人们服食玉石成风，社会上可见的玉器变少。因此，这一时期，玉石加工逐渐停滞。屈原在《离骚》中写道："登昆仑兮食玉英"。吃玉的风气从战国就已经开始了。

唐朝重燃对玉石的热情，社会又崇尚玉器；宋朝继承和发展了唐朝的这一爱好，崇尚古玉。明朝在宋朝的基础上继续探索，明朝推崇子冈作的玉牌子。到了清朝，乾隆好玉，玉器文化再次达到鼎盛。为了迎合皇帝的喜好，各地竞相进贡；慈禧崇尚缅甸翡翠，翡翠开始盛行，和田玉的使用减少。直到今天，知道翡翠的人多，熟悉和田玉的人少。

图 1-7 玉 琮

良渚文化 上海博物馆

战汉和乾隆这两个时期是和田玉器的鼎盛期，但从加工工艺和艺术质感上看，战汉玉器要更胜一筹，乾隆时的玉器华丽而缺少质朴，崇尚古玉而模仿古玉。乾隆喜欢白玉，白玉成为社会时尚，现代人都偏好白玉。战汉少见白玉，青白玉偏多，在青白之间，白玉偏娇嫩，青玉多刚正，战汉时期的青白色玉器正符合儒家的人格想象——不刚不柔。

　　慈禧太后喜欢缅甸翡翠，流风溢出宫廷，中原地区盛行至今。"翡翠"一词最早出现在春秋时师旷的《禽经》上，其中说"背有彩羽曰翡翠"，形容翠鸟。汉朝班固（32—92 年)的《西都赋》中也出现过"翡翠"一词："翡翠火齐，含耀流英，珊瑚碧树，周阿而生"，东汉张衡（78—139 年）的《西京赋》也说："翡翠火齐，络以美玉，流悬黎之夜光，缀随珠以为烛。"据此，有学者认为汉朝就有翡翠。笔者认为，翡翠的传播路线是从缅甸到中亚，再从中亚途经西域到达中原地区，这条线路还不成熟。核查各考古成果发现，尚无考古报告中原地区在明之前墓葬或者文化遗址出土过翡翠。根据故宫旧藏，推断为清朝开始出现在中原地区。

　　东晋时期的《法显传》讲述了高僧法显从长安出发，一路向西，途径新疆，再转往印度半岛的取法旅程；明代有《西游记》，时人眼中，从长安出发去印度，要走丝绸之路，一路西行，经过火焰山（今新疆吐鲁番盆地），再折向南。当时最会做生意的要属西域，他们跟中原，跟西方，跟古代印度等地都有密切的贸易往来，有了贸易，自然通晓东亚去南亚的地理路线。中原去缅甸、印度必须途经西域地区再折向南；也就是说，当时要从缅甸运送玉石到中原，必须先经过西域地区，进入吐鲁番，再向东到西安，进入中原地区，从运输成本计算，这样的生意不好做。且当时，中原人喜欢新疆的和田玉，千里迢迢从缅甸运翡翠到中原，一没有市场，二没有经济价值。或许西汉时人们曾经尝试过从这路线运送翡翠，但无书证和出土文物为凭，不能定论。就缅甸产地而言，缅甸人发现和使用翡翠，翡翠在当地流行起来，成为贸易的对象，都是近代的事情。

　　《西都赋》和《西京赋》所述翡翠，并非现代概念的翡翠玉石，从文字分析，也有蹊跷，"络"有缠绕、镶嵌、装饰的意思，翡翠就是玉石的一种，如果用来装饰，不需要另"络以美玉"，所以这里的翡翠应该指其他矿物，诸如红蓝宝石一类。

　　翡翠的硬度要高出和田玉一个莫氏硬度单位，和田玉的硬度是 6~6.5，有些可以达到 7，翡翠的硬度在 6.5~7，有些可以达到 7.5，铁制刀具的硬度是5~5.5，用硬度低的刀具去琢刻翡翠，显然是不可能的。《诗经·小雅·鹤鸣》说"他山之石，可以攻玉"，也就是用硬度更高的玉石和金刚砂来打磨硬度低的玉石。翡翠硬度远大于铁器，现代都采用添加剂打磨的做法，用金刚砂做磨料剂打磨。用电锯片切割，电钻打磨，加上金刚砂颗粒，才感觉比较容易。翡翠加工难度极大，也是翡翠加工出现较晚的原因。

软玉的种类

　　许多地域文化的主角都是玉石，新疆有和田玉（图 1-8），陕西有蓝田玉，河南有南阳玉，甘肃有酒泉玉，辽宁有岫岩玉，上五者并称中国五大名玉。岫玉偏嫩，硬度低，容易产生刮痕，地方性玉石中，和田玉和南阳玉的硬度最高，和田玉的色泽莹润，被中原地区广泛接受和推崇。

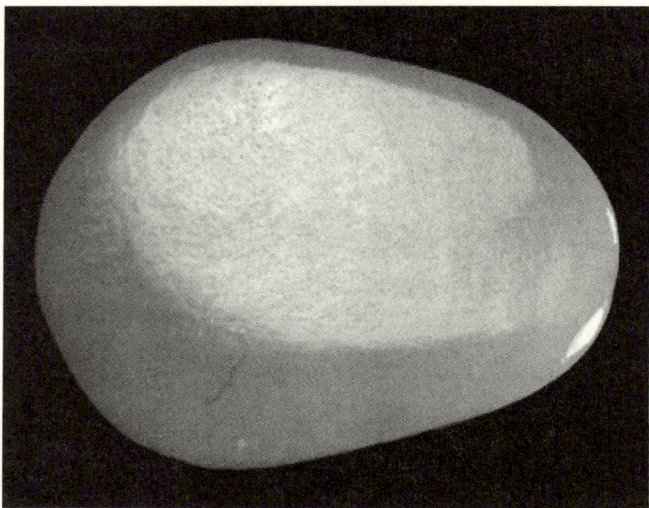

图 1-8　新疆和田玉

中亚的商人，从新疆和田运送玉石进入中原，又从中原运送丝绸到西方，在这个贸易的过程中，来回都是满载货物，两头不落空，中外驰名的"丝绸之路"和运输和田玉的"玉石之路"并存。

从性质看，和田玉属角闪石族透闪石—阳起石，其化学成分的通式为 $Ca_2Mg_5Si_8O_{22}(OH)_2$，硬度 6.5~6.9，比重 2.9。和田玉的矿物粒度非常细小，一般在 0.01 毫米以下，矿物形态主要为隐晶及微晶纤维柱状，矿物组合排列以毛毡状结构最普遍（鉴定和田玉可用强光照射，观察玉石毛毡状纹理结构），这种结构使和田玉外观细腻致密。

和田玉主要分布于新疆莎车—喀什库尔干、和田—于阗、且末县绵延1500 公里的昆仑山北坡。目前，狭义的分，讲到软玉，主要专指新疆和田玉，按照目前最新的分类规则，俄罗斯玉和阿富汗玉都可以称和田玉。专业机构出具鉴定证书的时候，这两类玉料都是和田玉。但对藏家而言，和田玉是专指产自新疆昆仑山北坡地区，硬度在 6~6.9 的玉石。现代的鉴定证书在法律上是有效的，而在狭义的玉石分类上没有多大作用。

和田玉

按目前产出状况，和田玉可以分成山料、山流水、仔料。这种分类方法仅适用于现代，不适用于古代玉器。古代玉器，当时是山料，经过几千年的埋藏，材料性质发生变化，不太好区分是山料，还是山流水，或是仔料。古代分类着重区分玉的质地，玉石通过河西走廊向东输送，中原地区的人无法考究玉石产出地点，虽然能看出质地的不同，却无法知道产出地，古代玉石的分类在讲究质地的同时，还以颜色来区分等级。

每个时代，和田玉用料都有特征，有些玉料现代还有，有些已经没有了。玉石是一种矿，矿有矿脉，断断续续，时隐时现。和田玉和辽宁岫玉不同（跟中国其他地方玉也不同），辽宁岫玉的矿脉非常丰富，满山都是，产量相当惊人。和田玉矿脉不清晰，产量极其低下。早期的和田玉，总体硬度偏大，年代越近，材质硬度偏嫩。现代白玉和战汉白玉的性状存在不同。

由于玉料稀少，西汉时，昆仑山地区出产的昆仑且末玉料，等同和田玉使用的情况，且末玉料的颜色几乎与和田玉一模一样，白泛青，大都出自新疆且末县，区别只在于硬度偏软。或许中亚商人把这种玉石带到中原时，由于在颜色上与和田玉类似，没有区分开，而且同出昆仑山，就等同使用了。由于且末玉比较软，容易施加工艺，做工反而特别精致。战汉时期使用的且末玉与现代的昆仑山料也有明显的不同，现代所见昆仑料，偏灰色，玉料偏透，有些偏嫩，偏硬的石性重，少见与和田玉颜色质地相似的青白色；西汉时，和田玉大多带淡青色，具有时代特点。

按颜色分，和田玉主要分成白玉、青白玉、黄玉、青玉、墨玉、糖玉和碧玉（还有红玉一说，没有出土过，不可信）。现代人认为最名贵的是羊脂白，这是现代人以白为美的审美观，以白为时尚的缘故。但不符合古代的玉文化，古人重视玉的质地。《石雅》里头说"古人辩玉，首德而次符，故玉贵德不贵符"，德指玉的质地，符指玉的颜色。东汉王逸《玉论》说："赤如鸡冠，黄如蒸栗，白如截脂，墨如纯漆，谓之玉符"。好的玉，首先要有莹润的质地，其次是颜色。

鉴定和田玉的时候，大多用强光照射玉石，看其质地，纹理，棉絮，裂绺，透光性，等等。最上乘的玉石是看不出纹理的，没有棉絮，没有裂绺，半透明质。白玉本身颜色是白的，即使有棉絮，有毛毡状纹理，但是隐蔽性好，看起来比较顺眼，这是其他颜色的和田玉材做不到的。

《周礼》记载："以玉作六器，以礼天地四方：以苍璧礼天，以黄琮礼地，以青圭礼东方，以赤璋礼南方，以白琥礼西方，以玄璜礼北方。"分别对应苍、黄、青、赤、白、玄六种玉的颜色：苍，苍天，苍茫，青黑色。黄，大地黄土，考古出土的良渚玉琮大都钙化，出现土黄沁，陶寺文化玉琮使用黄色玉石，而良渚文化使用的是淡青玉石，大多钙化成土黄色。青，通绿，也有说成碧玉的，跟现代碧玉不同，淡青色，颜色不深，犹如碧水。赤色，朱砂的颜色，和田玉料中没有这种颜色。目前考古发现没有出土过红色的玉石种类，只出土过涂满朱砂红的玉璋。赤应该不是玉石自己的颜色，而是以朱砂涂抹形成的颜色。白，现代和田玉视白玉为首选。玄，应该是灰色，天地玄黄，带灰蒙蒙的颜色。墨玉，和玄色相近，含较多的石墨微粒，少者成灰色，多者呈墨色。不管何种颜色，都跟玉石的形成条件相关，有矿物成因，有颜色侵蚀，一块白玉，经历了千万年，受各种侵蚀，颜色自然会发生变化。

古代玉石观，首德而次符，现代崇尚白玉，这和玉文化息息相关，周朝礼制中，有配饰"佩绶"，《礼记•玉藻》载："天子佩白玉而玄组绶，公侯佩山玄玉而朱组绶，大夫佩水苍玉而纯组绶，"古代中国讲究礼制，有严格的等级规定，天子佩戴白色玉器，公侯佩戴玄灰色的玉器，士大夫佩戴淡绿色玉器，用玉的颜色来限定人的身份和社会等级，玉器进入礼制范畴。

首德而次符，古人把玉的质地放在首位，玉不论颜色，质为上；而后才是玉的颜色，在战汉古玉中，一般罕见白玉，受材料稀少的制约和礼制等级的限制，白玉器物的数量极其稀少。

以玉喻人

古人在玉石上附会文化，赋予玉石人格，儒家以玉石的颜色来划分阶级高低，以材质硬度来比喻人的性格刚柔，以玉喻人。

儒家认为，玉具有"仁、义、知、礼、乐、忠、信、天、地、德、道"十一种品德。东汉许慎的《说文解字》说："玉有五德：仁、义、智、勇、洁"。"玉，石之美者有五德。润泽以温，仁之方也；䚢理自外，可以知中，义之方也；其声舒扬，专以远闻，智之方也；不挠而折，勇之方也；锐廉而不忮，洁之方也。"仁，玉质的莹润光亮；义，玉质的透光度，可以看到玉质纹理；勇，玉的硬度和刚性；洁，有断口而不锋利；在解释智的时候，"其声舒扬，专以远闻，智之方也"。

不管是十一德还是五德，"乐"和"智"都是声音。玉石原石不会发出悦耳的声音，只有在加工切片以后（图1-9），才具有悦耳的声音。鉴赏时，轻轻敲击一下玉石，听一下声音是否悦耳。材质不同，发出的声音不同，玉石不同，声音也不同。致密的玉石，发出清脆悦耳的金属声。质地越差，发出的声音越闷，从金属声变成瓦片声。材质越是致密，声音越是悠扬。

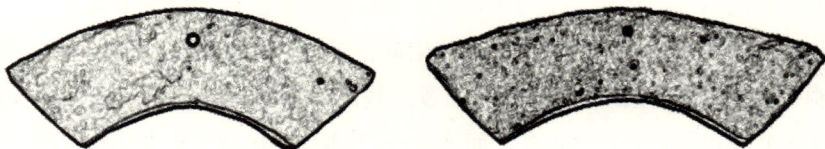

图 1-9 玉 磬

《礼记·聘义》记载，孔子说："昔者君子比德于玉焉。"儒家把君子德行和玉相比，具有玉的品行和道德。在赋予玉石性格的同时，对人的品德也提出要求。儒家以玉比人，首德而次符，把人的道德品质放在首位，而不是华丽的外表。

第二章 古代玉石的加工技艺

玉石的加工大体分为切割、画样、打坯、琢磨、上光这五道工序。

切割。把大块的玉料切开，切割使用线锯，来回牵引麻绳，混合金刚砂，或使用普通河沙，加水切割。

画样。在毛坯上用线条勾勒出轮廓，再依据画样打磨。好的工匠必须具备良好的美术功底。

打坯。依据轮廓加工，切割出想要的器型，得到器型的原始坯体。这是粗加工。

琢磨。分为粗雕和细雕，依据画样进行精心打磨，打磨出器物的纹饰。这是烦琐的手工活，即使现代，在普遍使用电动工具的情况下，许多活还是需要人工完成。

上光，雕刻完成的玉器还要抛光，原始抛光使用麻布和皮毛摩擦玉器表面，产生光亮。现代用抛光剂，用滚筒加工。

现代玉石的加工流程有相料和构思；好的构思和创意能充分发挥材质的潜能；现代雕刻还讲究俏色和依形，一般都采用整料雕刻，相料的过程很重要，最大化突出材料的形状和颜色，以达到唯妙唯肖；所以，整料切片比较少，不再像战汉时期那样先将玉石切片后再加工。

管 钻

管钻出现很早，玉石打磨经常使用管钻，古代玉器上经常出现管钻加工的痕迹。兴隆洼地区出土的玉玦，中间的孔径是用管钻转出来的，良渚文化中的玉琮，中间的大孔也是管钻转出来的；这一时期，古人已经掌握高超的治玉技艺，切割、钻孔和打磨都很娴熟。

图 2-1　原始的切割工具

玉器加工离不开解玉砂，用线锯切割也好，用管钻转孔也好，都要用解玉砂来做摩擦填充剂。

古人用线锯切割玉石，用麻绳粘合砂子来回牵拉摩擦，绳子往复运动，带动砂子摩擦，把玉石切开。这其中的切割不是绳子的作用，而是解玉砂的作用，细小的砂子通过摩擦，在玉石上留下痕迹，大量的砂子摩擦，就会产生大量的痕迹，来回往复的摩擦，就能起到磨损的作用，于是，玉石就被磨损出一道凹陷，玉石就被切开了。

弓形器（图 2-1）作线锯；弓形器合着解玉砂，在玉石上往复拉动，带动砂子产生纵向往复的摩擦，就能切割玉石，线锯切割容易形成波浪面，拉动绳子切割，由于用力不均匀，形成凹凸起伏的波浪状。

把竹管缠绕在弓弦上，就发明出管钻。

弓箭距今约有 2.8 万年，把弓弦的拉动方向从纵向改成横向，带动钻头；这一发明耗费了上万年时间，把弓弦绕在管钻上，拉动弓弦，竹管旋转产生摩擦，这就是手拉钻。

　　手拉钻比较原始，也比较简单，手拉钻有两种，一种是横拉式，一种是上下往复式，把直线的拉力转变成旋转力，带动钻头旋转；原始的手拉钻还可以用在木头上钻孔，也可以用来钻木取火。

　　弓形器作管钻（图2-2）。管钻钻孔就要使用弓弦形的手拉钻，竹片加麻绳，麻绳缠绕竹管，拉动弓形竹片，让麻绳来回牵引，转动竹管，就能打磨。从古代玉器上的痕迹看，古人使用的钻头有不同的形状，尖头实心钻，主要用来穿小孔，孔浅，形成带有喇叭状的孔洞，空心钻可以加大钻挖深度，形成长距离孔洞，钻头不同且孔洞大小可调整。

　　原始管钻，以竹管为主；管钻穿孔，也用于协助切割。

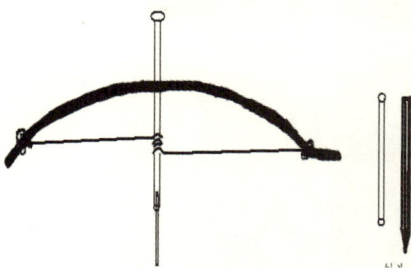

图 2-2　原始手拉钻图　　　　　图 2-3　红山文化玉器

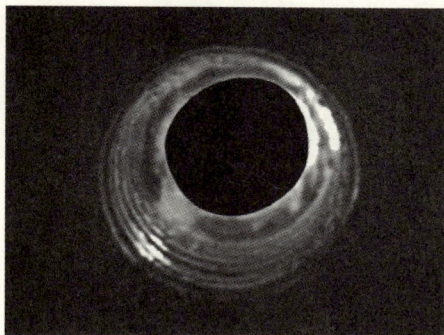

图 2-4　现代管钻形成的痕迹

使用管钻钻孔，玉石孔洞的圆柱面上会形成阶梯状痕迹。红山文化的玉钩形器（图2-3）、红山文化的玉鹰背部都有阶梯状痕迹。砂子和玉石在狭小缝隙中摩擦，产生粉末，粉末多了，砂子无法打磨，要倒掉，加入新砂。每换一次砂子，下压，砂子挤压到旁边，形成痕迹。从玉钩形器的加工痕迹中可以看出，管钻切割要比线锯切割来得容易，先管钻，再切割，会省力很多。

1 良渚文化玉琮局部　兽面眼睛

2 唐代玉人面局部　眼睛

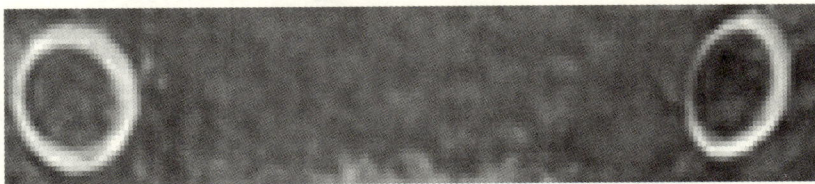

3 现代砂轮打磨出的效果

图 2-5　管钻在眼睛上的痕迹

在现代实验中，使用复制的手拉钻，用管钻和砂子进行穿孔实验，器物圆柱形管壁上出现阶梯状痕迹（图2-4）。

管钻形成的孔洞比较粗大，红山玉玦、良渚玉琮等器物的中心孔径都比较粗大。到了良渚文化，管钻也用于打磨纹饰，玉器上的眼睛纹饰就是用管钻打磨出来的。战国时的玉匠很少用管钻加工眼睛纹饰，这些眼睛纹饰是砣刀砣出来的。汉代的管钻很特殊，有些纹饰使用管钻而不用解玉砂，这说明战汉时期还在探索新加工技法。唐以后，玉器加工中普遍使用管钻加解玉砂摩擦加工纹饰，形成的圆圈痕迹作为眼睛的纹饰，延续至今。

　　一般认为，用管钻加工玉器纹饰必须使用解玉砂，良渚神人神兽纹玉器上的眼睛痕迹（图 2-5-1）、唐代玉器人面眼睛纹饰（图 2-5-2）都有解玉砂摩擦产生的痕迹。现代直接用金刚砂轮进行打磨，几秒种就能完成眼睛纹饰（图2-5-3）。

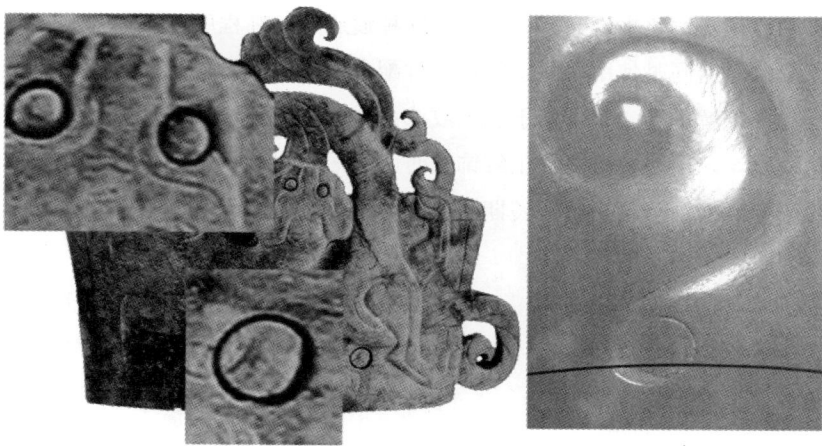

图 2-6 不使用解玉砂的管钻痕迹

1 玉剑珌 西汉　　　　　　　　2 玉器上的局部纹饰
湖南长沙蓉园 13 号墓　　　　　　　个人收藏

　　管钻和解玉砂相互伴随，没有解玉砂，管钻无法钻孔，管钻使用解玉砂，从穿孔开始，延伸到纹饰加工中。到了商周时期，砣刀成熟，加工眼睛的圆圈纹饰不再使用管钻，而用砣刀，有些浮雕作品甚至把眼睛雕刻成半球状。

　　到了战汉时期，冶铁技术出现，冶炼技术提高，金属硬度增强，工具的变革改变了玉石加工的方式，战汉出现合金管钻，这种管钻锋利无比，硬度大于莫氏 6 级。湖南长沙蓉园 13 号墓出土的玉剑珌（图 2-6-1）上可以清晰看到三道管钻痕迹，这三道管钻痕迹细若发丝，刀口很深，使用了两种尺寸的管钻，明显未使用解玉砂。

治玉工艺大多以柔克刚，战汉合金技术的发展，不使用解玉砂而直接在玉石材质上钻孔，这对管钻的要求很高，管钻材质的硬度必须大于玉石硬度，湖南长沙蓉园 13 号墓出土的玉剑珌上的管钻痕迹，由于没能估算准钻头的锋利程度，导致纹饰痕迹过深。这也显示出，战汉时期的合金技术已经非常高超，能制造出非常锋利的合金管钻。这种痕迹，也出现在图 2-6-2 所示玉器纹饰中，用头发丝来比对，可以看出这种痕迹的纤细程度。

战汉玉器同时使用两种管钻，一种配合使用解玉砂，只作穿孔和掏料，另一种不用解玉砂，直接用于加工纹饰；加工出的纹饰线条非常纤细，甚至超过头发丝，用这种方式加工纹饰的时间很短；以硬克硬，虽然能打磨出纹饰，但会磨损钻头，不适合长期使用；合金管钻昙花一现，只存在西汉中前期，一段时间后就消失了。

西汉时期，玉器加工业正处在变革期，纹饰上呈现出多种新式工具的痕迹，虽然以硬克硬的做法不可取；不过，合金工具的使用，造就了玉器加工历史上鼎盛的一段时期。

水 凳

水凳也叫砣机，用脚踏带动轴承往复旋转。轴承带动砣刀连续往复旋转，砣刀就可以产生连续的摩擦力；水凳的出现先要从手拉钻说起。

上下往复式的手拉钻（图 2-7），只需连续下压就能使钻头连续往复旋转，绳弦缠绕产生扭转力，利用惯性和扭距力，两边两根绳弦作相反扭转，相反方向的缠绕产生连续的往复旋转，提高了旋转的连续性。直到现代，锯碗和木工还在使用这种手拉钻（图 2-8）。陶瓷的硬度相当于玉石的硬度；可用手钻在其上钻孔，当然也可以在玉石上钻孔。

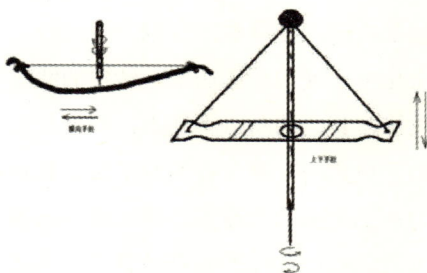

图 2-7 手拉钻

图 2-8 锯碗用的工具

有了手拉钻，水凳的出现成为可能。把往复式的手拉牵拉力变成脚踏牵引绳子，脚踏板上下牵引绳子，产生摩擦力让中间的轴承转动，再添加上各种实用的支架、刀具，就形成了水凳。使用水凳，解放了双手，更方便操作和打磨玉石。玉石硬度偏高，不容易加工，要添加金刚砂作为磨料剂，加水可以增加金刚砂的黏附性，减少粉尘，让玉石不容易崩裂。

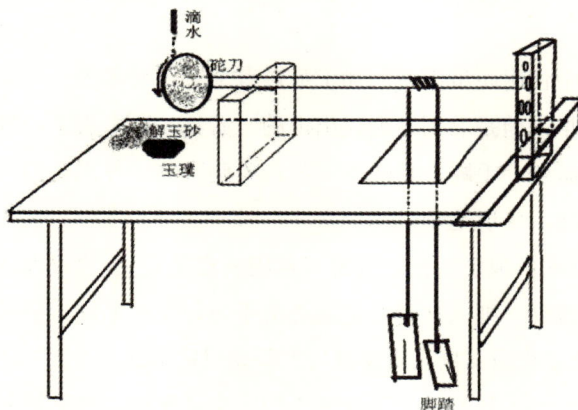

图 2-9 水 凳

新石器时期，良渚文化的玉石加工工艺非常精湛，出土了许多带有纹饰的玉石器物，主要就是使用了水凳加工。水凳使得玉石纹饰加工变得简便和精细，轴承的旋转，带动砣刀旋转，加工出想要的纹饰和图样。良渚玉器以神人神兽纹最为典型，观察其上的加工痕迹，可以看出有砣刀的痕迹。

笔者认为，砣机最早出现在良渚文化中。使用砣机加工，转弯的线条连贯而且带有毛刺。红山文化玉石上的纹饰，其上的断点不连贯，即使红山时期使用砣机来加工玉石，这种砣机也是手拉式的，操作者的双手还没有解放出来，单手推拉，单手操作玉石，砣刀加工出来的痕迹不连贯。良渚玉器则不同，其上的痕迹是用脚踏式砣机加工的。红山文化的砣机是雏形，良渚文化的砣机才是成熟的。

砣机加工的痕迹和尖硬物体加工的痕迹不同，砣机加工的线条十分连贯，用尖硬物体加工的划痕容易出现滑线，线条组合比较凌乱。

现代人使用高速电机替代脚踏传动，用手持电钻、电动雕刻机、立体雕刻机等，这样制作出来的作品，细部纹饰刻画不出来，圆润有余而质朴不足。

游丝毛雕

玉器加工中使用砣机出现的加工痕迹有个专门的术语——游丝毛雕，这种工艺出现很早，但是名词是近代出现的。游丝，顾名思义，指的是雕刻出来的线条细若游丝，毛雕，指线条上出现毛刺现象。使用砣刀，线条转弯时必须一刀一刀转，出现毛刺。

"游丝"一词出现于明代，高濂《燕闲清赏笺》说："汉人琢磨，妙在双钩，碾法宛转流动，细入秋毫，更无疏密不匀、交接断续，俨若游丝白描，毫无滞迹。"明朝张应文撰《清秘藏》："即如双钩碾法，今人非不为之，其妙处在宛转流动，细入秋毫，更无疏密不匀，交接断续，俨若游丝白描，毫无滞迹，终不可到也。"这是明人对战汉玉器的赞美。"俨若游丝白描"，即是"游丝"一词的源头。

"毛雕"一词则出现在近代，用来比喻线条细如牛毛，也叫牛毛雕，毛雕用来形容砣刀转弯处的毛刺现象更为妥帖。游丝和毛雕是两种痕迹，这样恰好可以完成一个完整的勾连云纹。

打磨玉器必然使用解玉砂，用绳子合着解玉砂切磨，能把玉石切割开；使用砣机，也需要用解玉砂打磨玉器表面，形成线条，组合成纹饰。

凡是砣机使用解玉砂打磨出来的纹饰，都会形成直线和转弯的毛刺，只是痕迹线条比较粗，不能细若游丝，到了西汉，工艺进步了，痕迹线条细致了，才称"游丝毛雕"。

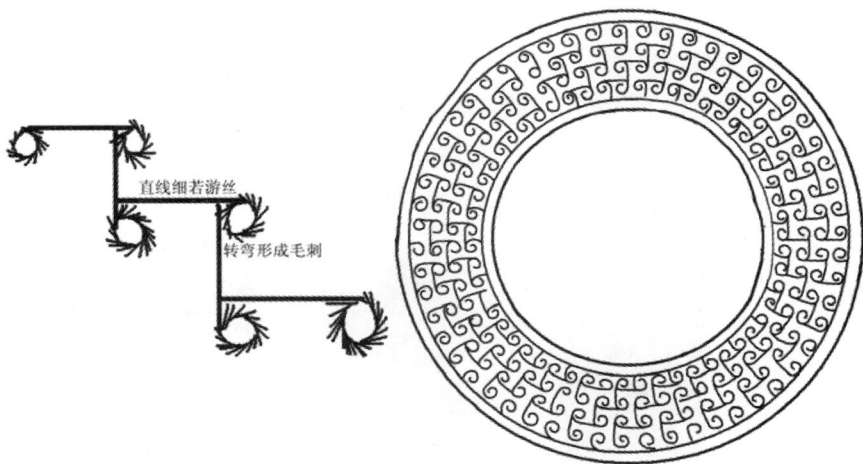

直线细若游丝

转弯形成毛刺

图 2-10 游丝毛雕的纹饰特点

战国末期，铁器出现，合金冶炼技术提高，玉石打磨工具也改进了，出现很多前所未有的工具，合金金属的硬度超过玉石硬度，可以直接使用砣刀和管钻加工玉石纹饰，这在西汉前期尤其明显，不使用解玉砂加工玉器纹饰，以高硬度材质工具雕刻低硬度的玉石，理论上很方便，实际容易造成工具的磨损，导致成本上升，到西汉中后期，就摒弃了，继续使用解玉砂。

游丝毛雕是近代出现的名词，用来赞美古代琢玉技术的高超，纹饰痕迹符合其细若游丝的特征的，只有西汉的玉石加工工艺了。

使用游丝毛雕技法加工出来的典型纹饰是西汉时期的勾连云纹（图2-10），这一纹饰很有时代性，勾连云纹的主要使用年代是秦到西汉中期，至西汉末期消亡。

勾连云纹从战国末期的云气纹演化而来；战国末期出现的涡旋纹颗粒，由三条交叉线打磨出轮廓，勾连云纹是"井"字交叉线打磨出来的。

仔细观察勾连云纹（图2-11），直线不是一刀加工出来的，而是无数条线段连接起来，若断若续形成的。高超的工匠琢磨出来的线段，形成粗细一致的线条，没有断痕，细若游丝；在转弯的地方，直线不好转弯，出现好多毛刺。遇见要拐弯的地方，就用直线线段小转弯，一小条一小条，一刀一刀改变角度，结果留下许多线段的痕迹。砣刀在玉石上留下的单段痕迹原本是纺锥形的，两头尖，中间宽，砣直线的时候，要使其粗细一致非常难，转弯的时候，线段犹如长了毛刺的圆球，很适合毛雕的称谓。

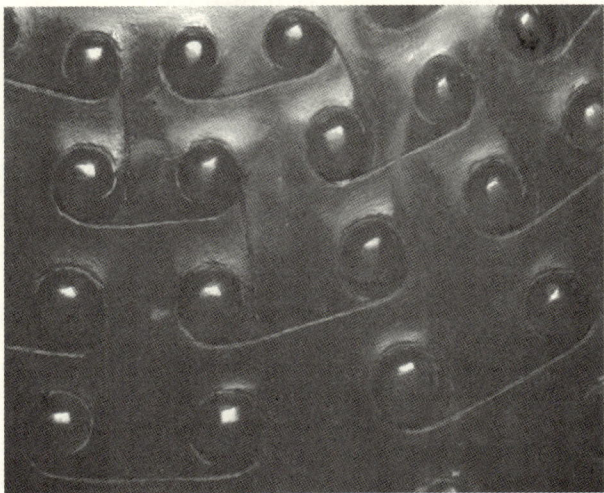

图 2-11 勾连云纹细部特征 个人收藏

游丝毛雕名称的叫法，比较直观，也比较形象，比较适合勾连云纹，有勾连云纹才有游丝毛雕，其使用的刀具刃口要相当锋利，形成的阴线一定要细若发丝。战汉时期的玉器上，痕迹最细的要数西汉玉器上的勾连云纹。应该说，只要加工出的纹饰痕迹符合，都可以叫成游丝毛雕，只是为了推崇汉人技法的高超，游丝毛雕才成为汉玉的专名。对于西汉前的玉雕作品，对于西汉之后的玉雕作品，目前都不使用这种叫法，

后人虽然也用这样的技法，只是使用了解玉砂，终究做不出来，在琢磨线条的时候，很难做到细若游丝，在技法上达不到西汉时期的成就，"终不可为也"，也就没有这种称谓。

张应文、高濂都提到双钩碾法，这是现代人不能理解的，琢玉的工序大体上是切、划、碾、琢，怎么会有"双钩"？从工具上去理解，说是带双刃的雕刻刀？这是错误的，古代典籍中没有记载过双钩的工具。

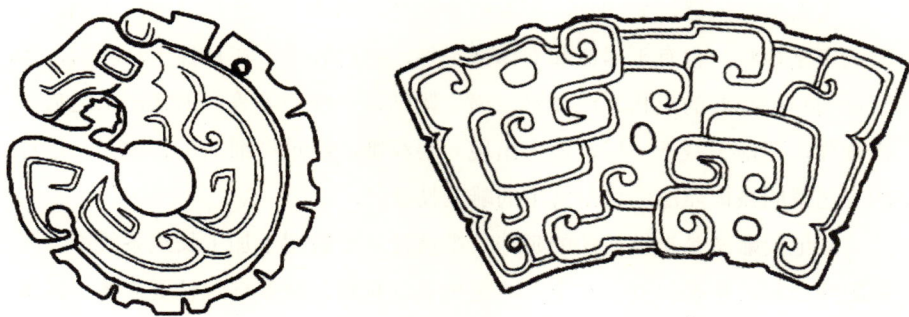

图 2-12 双阴线雕刻纹饰

1 龙形玉玦　商代　　　　　　　　2 龙形玉佩　春秋
河南安阳殷墟妇好墓出土　　　　　山西闻喜县上郭 55 墓出土

所谓双钩碾法，是明朝张应文、高濂错误理解形成的。明人研究的汉玉不一定都是汉代的，也有商周时期的，汉玉和商周玉器混杂。乾隆时期把所有的古玉都称为汉玉，根本区分不了商周玉器还是史前玉器，明人就更不可能这么区分，所以，张应文、高濂可能错误地把商周时期的玉器都当成汉代

玉器。古代治玉工艺中，能符合双钩碾法描述的只有双阴线雕刻技法，那是商周时期加工玉器纹饰普遍采用的工艺技法，宛如一刀刻出的两条线条。从商朝一直到两周，治玉工艺大多使用双阴线勾勒纹饰，河南安阳殷墟妇好墓出土的商代龙形玉玦（图 2-12-1），山西闻喜县上郭 55 墓出土的春秋时期晋国龙形玉佩（图 2-12-2），河南光山县黄季佗父墓出土的春秋青玉虎形饰等都采用了双阴线的雕刻技法。

那么，张应文、高濂提到的双钩碾法如果是针对商周纹饰的雕刻技法，用"俨若游丝白描"来赞美汉代琢玉工艺，出现年代上的错误。张应文、高濂的说法是错误，"游丝白描"显然是用来赞美商周双阴线纹饰的。

减地突雕法

古人加工玉器，先切片，把原料分割开，切成一片一片。战汉时期的玉器大多是片状，也有玉器皿和立体镂空件，相对较少。在片件上画样后，用线锯切割出想要的形状，比如璧、璜、佩饰、挂件，等等；形状出来之后，再画样，把地子减下一层，面上出现一层纹饰，经过精细加工、抛光。这样的工艺就叫减地雕法，这是常用的雕刻技法。

减地突雕法是半坡技法的延伸，半坡技法一般用于加工长线条纹饰，形成阳线凸起，用在涡旋云纹上，可突出涡旋颗粒，使涡旋颗粒更立体；减地突雕法消失以后，半坡技法也就不再使用。

用减地突雕法加工出来的玉器很少，在讲减地突雕法的时候，有些资料展示减地雕法，不区分两者的差异，但减地雕法和减地突雕法是两种技法。

战国中后期，出现新的纹样——蒲格纹饰；在玉器上加工涡旋云纹，先画好线条，以等间隔距离画线，再旋转 60 度画线，以同等间隔再画一次线，再旋转一次六十度画完，把画好的线条打磨凹下去，就会凸出六边形的格子，再把格子打磨成涡旋状的谷云纹，这就是减地雕法。

图 2-13 玉龙 个人收藏

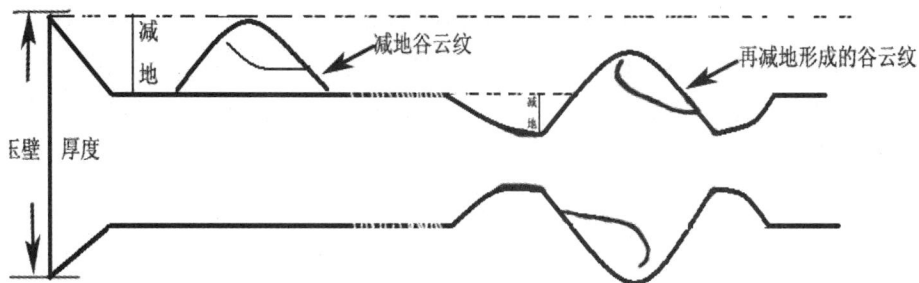

图 2-14 减地突雕法加工剖面图

　　减地突雕法，片件成样后，在片件上画样，画好要突出的纹饰，开始减地加工，此时的工艺相对复杂了一步，在原本完工的粗样上，把地子再减下去一层（图 2-14），使纹样更饱满。片件本身不厚，一般有 5~7 毫米厚，在 5 毫米的片件上两面都雕上同样的纹饰，厚度很难控制，做厚了，突显不出纹饰，做薄了，容易打穿；一面减去 2 毫米，两面的纹饰如果对上，中间就只有 1 毫米。为了避免这样的情况，两边的纹饰一般不会正好对上，这需要很精准的计算。

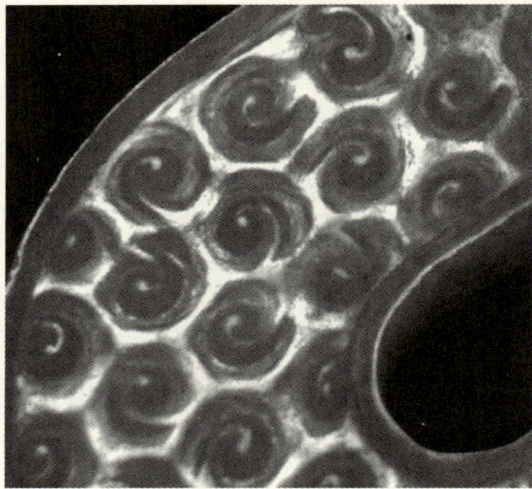

图 2-15 减地突雕工艺局部纹饰

　　减地突雕法（图 2-15）出现的时间很短，器物更是罕见，虽然用减地突雕法能使纹饰显得饱满和圆润，只是工艺复杂，效果又不显著，减地工序常常被省略，导致减地突雕法的消失。

第三章 战汉玉器的型制

在玉器发展史上，战汉玉器的发展，是很精彩的一个时期；从工艺性和审美性，战汉玉器的艺术成就都是其他时代无法超越的。

战汉玉器在继承前朝玉器工艺的同时，还对远古时期的玉石器物进行整理，加以归类，儒家的礼学思想在发展过程中，也找到玉器这一具象的载体，玉石器物成为社会身份等级，和规范礼仪的使用器物，玉石器物的形制也得到了明确的规范。

已出土的战汉玉器有许多器型，简单归类，主要有两大类，一类是具有实际使用的器物，一类仅用作陪葬的器物。

按用途可分为礼仪用器、生活用器、装饰用器、丧葬用器等四类。

礼仪用器，一般指六器——圭、璧、璋、琮、璜、琥，六瑞和玉玺印。

生活用器有盆、杯、盘、盏、卮、奁、带钩、拐等器物。

装饰用器的种类颇多，有剑饰、屏、环、佩、勒、笈、觿、卯、司南、笄、珥珰、玦；各种人物、组佩、鸟兽鱼、陈设品等。

丧葬类的有九窍塞、翁仲、蝉、家畜、玉衣、覆面、棺材、枕头等。

礼仪用器中，玉琥在战国出现，秦使用青铜做兵符，汉代未见玉琥，应该是消亡了。战国和两汉没有出现玉璋和玉琮。

生活用器很多，器皿中；玉杯比较贵重，主要因为掏膛的难度很大，大块和田玉料也难得。

装饰类玉器非常丰富，这一时期出现很多新器型，随着工具的革新，技法的提高，原本难以加工的玉石，相对容易加工了；玉璧种类繁多，出廓纹饰逐渐复杂起来。

　　丧葬类玉器没有明确界限，"事死如事生"，生前使用的玉器都可陪葬。在丧葬习俗中，有不雕刻纹饰的陪葬器物。

　　这一时期流行组佩，一般由璜、环、珑、琥、觿、珠组成。战汉时期厚葬成风，甚至追加葬器，出现越礼现象，生前不能享受的等级器物，死了，以陪葬方式下葬，厚葬的风气，也有观点认为是礼崩乐坏。

六器说

图 3-1　玉饰　凌家滩文化

安徽省含山县凌家滩遗址出土

　　宇宙洪荒，万物初始，远古时期天是圆的，地是方的，地上有四根柱子支撑着天，大地有东南西北四个方位。安徽省含山县凌家滩遗址出土的凌家滩文化玉牌饰（图 3-1）上可见古人的这种天地宇宙观——地是方的，地上有四根柱子支撑圆形的天，天上有八根柱子，用来支撑太阳，太阳在八根柱子上，象征一天中太阳移动八个方位，太阳中间还有支撑的柱子；地的外边有许多小孔。于是，以玉璧代表天，玉琮的方形代表大地，玉圭是天地间柱子的缩影；当然，更客观的理解，这件玉牌饰可能是最早的天象仪。可以用来观察天象，以制定历法，颁布农耕节气。

《周髀算经》说："方属地、圆属天，天圆地方。"《周髀算经》是中国现存最早的数学典籍，成书在两汉之间（纪元之后）；也有史家认为它可能出现在纪元前的东周时期。

《周礼》记载"子执谷璧，男执蒲璧"，周礼成书时出现了谷纹和蒲纹，根据谷纹和蒲纹的考古出土年代，《周礼》成书上限大概在战国中期。这一时期流行天圆地方说。

《周礼·春官·大宗伯》记载："以玉作六器，以礼天地四方。以苍璧礼天，以黄琮礼地，以青圭礼东方，以赤璋礼南方，以白琥礼西方，以玄璜礼北方。"这就是玉器中的六器，用以祭祀天地和四方神灵。

六器实际使用的时间大都要早于《周礼》成书的时间，这六种器型出现的时间比较早；圭、璧、琮、璋、璜早在新石器时期就已经出现，玉琥出现于商周时期。到了商周，六器大多不再有实际的用途，逐渐演变成为祭祀用的礼器。

六器在《周礼》中成为祭祀用的礼器，而具体器型的历史却早于战国几千年，两者相隔甚远，从其成为礼器时间前后的记载来推断六器实际使用的难度很大，本篇以器物的发展和推理，讲述六器出现时的可能用途。

器物不会凭空出现，总要经过演化，到最终留存下来，这是个由简到繁的过程，这个演变过程有时候需要上百、上千年；从石器开始，发展出现玉石器物，再由青铜替代玉石材料，这本身就是一种材料的变化，玉石器物不再有实际使用功能。

中国文化中，祭祀是一项很重要的活动，祭拜先人，有各种风俗和礼仪；

从远古的祭祀活动，到商周时期的祭祀，六器就成为了祭祀中的礼器；六器出现在《周礼》中，两汉，玉器的发展沿袭了周朝的风格，又脱离《周礼》，形成自己独特的风格，六器从祭祀中逐渐淡出。

不管形制为何，器型和实际功能一定有紧密的内在联系，其作为实际使用器物的年代一定早于精神崇拜的年代。

（一）苍 璧

玉璧出现得很早，有圆形和方形两种；方形玉璧比较少见，圆形玉璧有玉璧、玉瑗、玉环三种，《尔雅·释器》："肉倍好，谓之璧。"邢禹疏："肉，边也，好，孔也，边大倍于孔者名璧。"圆形玉璧主要依据中间孔径的大小来命名，中心孔径小于边宽的，叫做璧；中心孔径大于边宽的，叫做瑗；中心孔径与边宽相等的，叫做环。

圆形玉璧出现于红山文化时期，浙江良渚文化、山东龙山文化、甘肃齐家文化等都有大量出土。在典籍记载之前，玉璧就已经出现。

玉璧的起源和玉石加工技艺相关联。早期玉器的加工使用线锯切片，管钻转孔。山西省芮城县清凉寺155号墓出土的玉璧（图3-2）由两个半片合成，对照玉石的裂隙痕迹，这两片玉石取自同一块玉石，是同一块玉石中的两片，穿孔加以缝合。出土断代较早的玉璧，许多是由几块玉料组成的合璧，有两片、三片合缀成的；宁夏回族自治区固原县博物馆珍藏的联璜玉璧（图3-3）就由三片玉器合缀成，这三片玉器有沁色形成的斑斓，分开一片一片叠起来，就会发现取自同一块玉石，原石被侵蚀后带了沁色再加工成片。古人还用同一块玉石切割做成五连缀的玉璧。

古代的工艺有限，要么切片，要么穿孔，大块玉料，可以整料切片，加工成完整的玉璧；小块玉料，切片做成合缀形玉璧；再小的玉料，形成多块合缀玉璧，小片玉料，经过缝合，玉璧的尺寸就会变大。

合缀玉璧，不单出现在山西、宁夏等地，甘肃省天水市师赵村遗址出土的齐家文化玉璧也是用一块玉料切片加工合缀而成，有三联璧、四联璧、五联璧。在新石器时期，得到玉料，首选是加工成玉璧，璧这一形制。应该与生产活动有关，因为玉璧可充当物物交换的媒介。

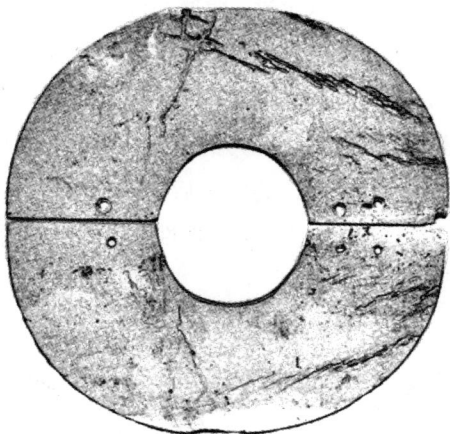

图 3-2 连缀玉璧 庙底沟二期文化
山西省芮城县清凉寺墓地出土 155 号墓出土

远古时，玉石较少，需要交换获得，所以贵重，玉石器物成为身份和财富的象征，玉璧的数量多少，可用以区分社会地位的高低。小型钱币出现之前，玉石器物还具有货币功能，良渚文化出土了数量庞大的玉璧，明显带有财富的象征，用几十、上百的玉璧为一个人陪葬，这样的葬法与天地是没有关联的，墓葬中出现大量玉璧，玉璧也必须通过交易获得，不可能自己制作。在物物交换的过程中，以家畜换取玉璧，只有跟财富有关。大量玉璧陪葬，只说明玉璧代表财富，可以推想，远古的玉璧具有货币的功用。

地区的不同，玉璧的功能不同，玉璧作为货币媒介，笨拙，携带起来不方便，青铜出现后，用青铜铸造钱币，青铜钱币替代玉石钱币。青铜文明出现之初，古人就铸造钱币，说明青铜出现之前就已经有了很成熟的货币体系，青铜钱币的形式很多，最后统一成圆形，与玉璧也有某种内在的关联。

玉璧的形制很多，有一种中孔带边的玉璧，叫法很多，有叫玉弦纹环、凸唇璧、有领玉璧，四川金沙遗址中出土了很多这种弦纹玉璧（图3-4）。英国博物馆藏有乾隆题词的弦纹玉璧，故宫博物院也有收藏这一类玉璧。江西省新干县大洋洲出土过商代弦纹玉璧，殷墟妇好墓也出土过。玉璧中孔带边，从力学角度看，和药碾子很相似，中孔带边，可以增加面积，增加摩擦力，不容易从棍子上脱落，用来碾碎草药。这种形式的玉璧，作为工具的性质强于象征财富；或许是早期的砣刀，砣刀的形式和中孔带边的玉璧在外形上很相似，两者边口的锋利程度不同，旋转之后可以用来打磨；弦纹玉璧用棍子穿过，转动玉璧，就可以增加棍子的旋转惯性，可以用作增加旋转的惯性轮。

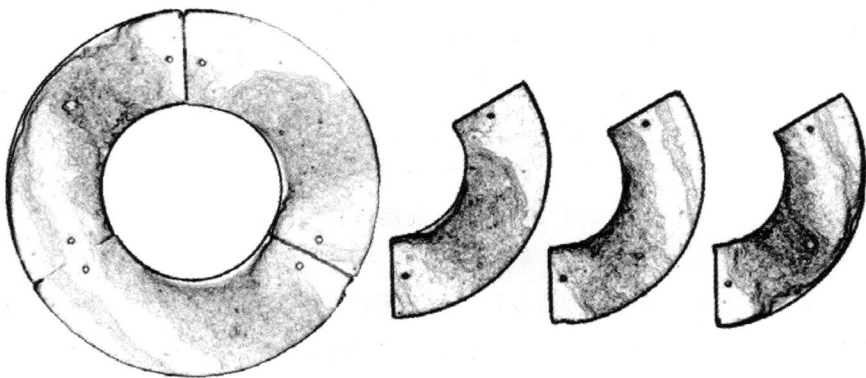

图 3-3 联璜玉璧

宁夏回族自治区固原县博物馆藏

玉器从实用器具变成礼器，这一变化和祭祀有关；远古先民祭祀祖先，一代祭祀前一代，和前代能相通的只有先辈遗留下来的器物，睹物思情，玉石器物成了祭拜中的灵介；玉石透亮、润泽，让器物有了通灵的感觉，商周的迷信，巫神文化的发展，玉璧成了祭祀中的媒介，到了两周，礼学盛行，周人赋予玉器新的内涵，《周礼》记载"苍璧礼天"。玉璧代表天，也符合天圆地方的宇宙观。

玉璧的纹饰；新石器时期的玉璧大多光素无纹；商朝盛行凤鸟纹饰，凤鸟在天上翱翔；纹饰主要有鸟、虎、云等几种纹饰，商朝在凤鸟纹饰中加入虎形纹饰，以云气纹作衬托。

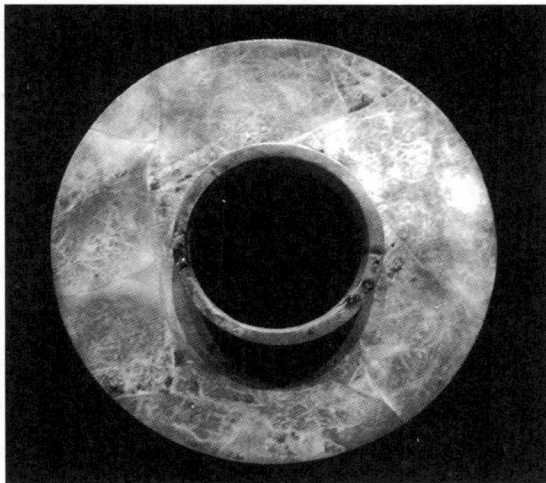

图 3-4 玉璧 商早期

金沙遗址出土

到了战国后期，玉璧出现出廓样式，虎形出廓，龙出廓。汉代玉璧以云纹为主要装饰风格，以更直白的表现方式，表示上天。

"苍璧礼天"，《说文》："苍，草色也。"《广雅》："苍，青也。"

"苍穹"指天空，暗青色，古代人说青天，青色是最能代表天的颜色，大多数时候，苍色即墨绿色。

连缀玉璧，连缀脱落后，出现弧形单体，单独出现，就成了玉璜。

（二）玉 璜

《说文解字》说："半璧为璜。"实际上，玉璜有半圆的，也有 1/3 圆的。

早期的玉璜形制不同，分布广泛，上海青浦崧泽文化中出土的玉璜（图 3-5-1），边缘锋利，看似具有切削功能；湖北省京山县屈家岭文化中出土的玉璜（图 3-5-2）是环状形的，红山文化和上海青浦崧泽文化都出土过这种玉璜，上海青浦崧泽文化还出土过半璧式玉璜；浙江良诸文化中出土有半圆形的玉璜（图 3-5-3），从纹饰和形态看，带有装饰器物的特点；玉璜器型种类繁多，可装饰用，也可能带有实际使用功能，以弧形为主要特征。

图 3-5　玉　璜

1 崧泽文化　　　　2 屈家岭文化　　　　3 良诸文化

合缀玉璧（图 3-6-1，图 3-6-3）容易散落，作为玉璧使用就不完整，玉材又很难得，况且又是加工好的形状，虽然散落开了，还可以作为佩挂和装饰，于是，玉璧散片和弧型装饰器物同为玉璜的雏形。夏商时期，出现素面的玉璜，河南省安阳市殷墟妇好墓出土的素玉璜（图 3-7-1）是平面半璧状的，从穿孔看，很可能是脱落下的半璧；山西省灵石旌节村二号墓出土商晚期半璧形玉璜（图 3-7-2），弧形带有刃口，具有半圆雕的特点，没有形成平面；这两件玉器都没有纹饰，器物年代可能要早于墓葬出土年代。

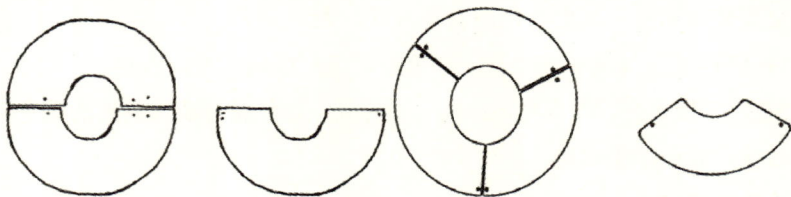

图 3-6　连缀玉璧与玉璜

1 二级玉璧 齐家文化　　2 玉璜 商周时期　　3 三缀玉璧 齐家文化　　4 玉璜 商周时期

玉器的纹饰，产生于认识自然的过程，配合玉器的器型，具有很强的装饰效果，玉器上的纹饰，主要以鱼形、鸟形和虎形三种纹饰作装饰，分别象征天、地、水三界。玉璜的纹饰主要以虎形纹饰为主，虎形纹饰的演变，在玉璜上尤其明显，虎形纹饰在玉璜中的演变过程比较独特，在玉璜中占主要作用。鱼形和鸟形各自有其演变的过程；山东省滕州前掌大村墓出土了鱼形玉璜（图3-8），鱼形演变成直形削刀，鸟形成为凤鸟纹饰。玉璜纹饰的变化，也是探究玉璜演变的过程，

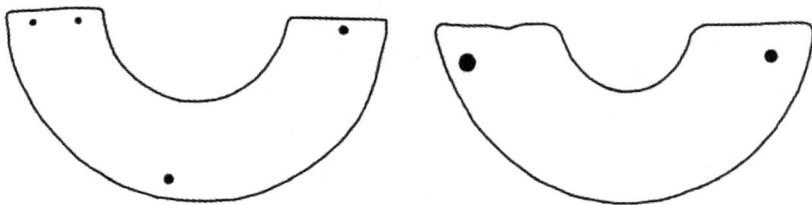

图 3-7 玉 璜

1.半璧型玉璜　商　　　　　　　　2.带有文化时期特点的玉璜　商晚期

河南省安阳市殷墟妇好墓出土　　　　山西省灵石旌节村二号墓出土

玉璜有 1/2 和 1/3 圆弧两种形态，主要依托虎形纹饰的变化。夏商时期，玉璜还只是装饰器物，不是规范礼仪用的礼器，鸟形、虎形和鱼形都只是自然界的代表，鱼形玉璜显然不适合在祭祀中使用，鱼形玉璜跟礼器没有关联，到了两周时期，三种纹饰继续沿用，但虎形纹饰逐渐胜出。虎形玉璜出现单体和双体的分别。

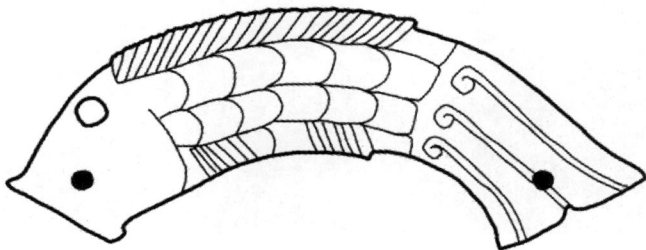

图 3-8 鱼形玉璜　商晚期

山东省滕州前掌大村墓出土

单体虎璜，大多成对的出现，1978 年河南省淅川县下寺一号楚墓出土了一对春秋晚期单体虎形玉璜，单体造型的玉虎，为琥型玉器的确定提供了条件，到了战国，出现玉虎符。

图 3-9 龙头凤鸟玉璜 春秋

河南省三门峡虢国墓出土

　　虎形玉璜，有单体的造型，也有双头合体的造型，河南三门峡虢国墓出土过龙头凤鸟纹玉璜（图3-9），虎头和凤鸟同时出现，虎头追咬凤鸟；用抽象的形式勾勒虎头，身体上的纹饰用云气纹装饰，渐向螭纹发展，在云气中，虎纹演变成螭纹，成为早期龙的形态。

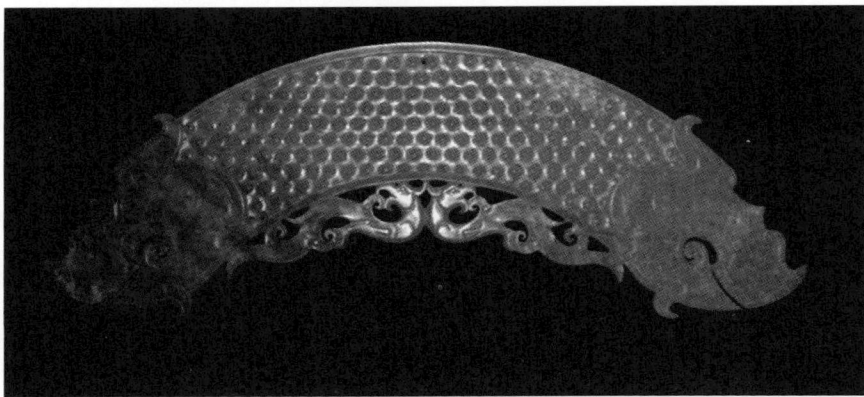

图 3-10 玉 璜

个人藏品 直径 33cm

　　春秋战国时，玉器上出现云气纹，器型也发生变化，喜用龙头凤鸟式样，凤鸟开始突出玉璜边缘，到后来，凤鸟脱出玉璜，出廓在玉璜外缘；虎头也从单纯的纹饰演变成具象的形态；出现了双头虎形玉璜（图3-10），玉璜从装饰器物成为祭祀中使用的器物。

　　玉璜纹饰的演变，既受礼的影响，也受乐的影响；两周时期，乐器兴起，石磬出现，玉器中也有玉磬，玉璜的造型受玉磬的影响，有些玉璜单纯装饰以云气纹，玉璜和玉磬在型制上非常类似。

　　两周时期，玉璜的使用非常普遍，成为身份等级的标志；玉璜大多出现在组佩中，陕西省韩城梁带村周代遗址 M26 出土了七璜连珠组佩，山西省天马曲村晋侯墓地出土过四璜、五璜、六璜连珠组佩，三门峡市虢国墓地出土过五璜、七璜等许多玉璜组佩。组佩中，以玉璜的数量多少标志使用者的身份和社会地位。

　　《周礼》记载："以玄璜礼北方。"把玉璜定义为礼器，祭祀北方。从方位上来说，北方代表的是玄武，玄璜礼北方。

　　《小尔雅》："玄，黑也。"

　　《释言》："玄，天也。"

　　《庄子》："以处玄宫。"陆德明释文："玄宫，李云北方宫也。"

　　《说文》说："玄，幽远也。象幽而入覆之也。"《说文》还说："黑而有赤色者为玄。"

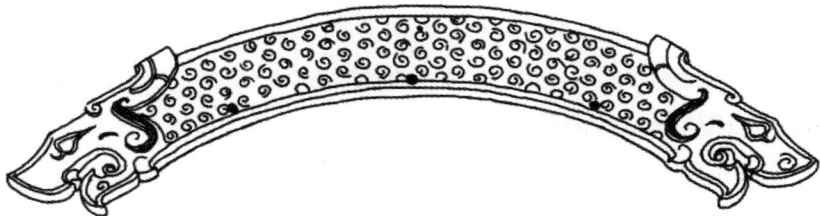

图 3-11　玉　璜
上海博物馆藏

　　《易经》："天地玄黄，宇宙洪荒"，意思是："天是青黑色的，大地是黄色的……" 玄即青黑色，用来形容天色，天空的颜色以蓝为主，出现青黑色的时候，大多是在雷雨前。暴风雨出现时阴沉恐怖，乌云密布，雷声阵阵，天空感觉要倒塌了一般；用灰黑色来形容比较恰当，"玄"其实就是乌云的颜色，从古代文献中查找，不难发现，不管是幽远，还是青黑，都可以用一个场景替代，就是天空乌云翻滚，快要下雨前的场景，"灰"的成分多。"玄"为灰，那么玉石中应该有一种带青黑色，或者说灰色的玉料，适合用来制作玉璜。

玉璜宛如天上的彩虹，两边是龙头（图 3-11），龙头从江湖里吸水，水化成云气，出现在天空，云化成雨水落下，璜身用凤鸟纹饰做装饰，凤鸟在彩虹上翩翩起舞。

从颜色看，玄色意味乌云；从形状分析，玉璜有彩虹的形状；两者结合起来就指称下雨，以玄璜礼北方，有朝向北方乞求下雨的意思，这样的解释，可以赋予作品新意。天上出现彩虹，用玉器表现出来，制作成玉璜。用玉璜祭拜，就带有乞求下雨的意思，彩虹跟雨有关，雨后见彩虹，玉璜象征雨。

北为阴，南为阳，北方代表幽冥世界，玄武掌管幽冥世界，北方也有鬼神一说，人死了，灵魂会飘向北方；玄，代表幽暗，玄璜礼北方，也表达了人类内心的恐惧，用玄璜以沟通鬼神的幽冥世界，玄璜有祭祀鬼神的意思，乞求鬼神庇佑。

（三）赤璋

玉璋是六器中的一种，玉璋最早出土于山东龙山文化遗址，从南到北，整个中原地区都出土过玉璋，二里头文化、广汉三星堆、四川金沙遗址（图 3-12）、香港烂头岛东湾遗址、香港南丫岛等许多地方都出土过玉璋，南到越南；可见玉璋非常实用。玉璋种类众多，分类是个问题。参考《周礼》，不好分类。玉璋尺寸不同，斜切刃口也各不相同，大小也不等，有半斜边，有月牙形，有凹槽型；许多玉璋都有使用过的痕迹，还有破损的痕迹。

许慎《说文解字》："半圭为璋。"

《周礼·考工记》载："大璋，中璋九寸，边璋七寸，射四寸，天子以巡守。"《周礼·考工记》中记载："大璋亦如之，诸侯以聘女"。

《周礼·典端》载："牙璋以起军旅，以治兵守"。

《周礼·典端》记载："璋砥射，以祀山川，以造赠宾客。"

目前，普遍观点认为玉璋是礼器，而实际出土的玉璋大多有使用过的痕迹，有明显的断痕，也有学者认为玉璋是用来切削斜边的，问题是切削谁的斜边？玉璋自己切削自己的斜边，还是切削玉琮的圆口边，无论如何切削，都会形成钝口，这些推断的合理性都值得怀疑；从形制看，不能理解的地方更多，多数玉璋有凹口，如果认为玉璋是兵器，应该是尖头容易损耗，所以玉璋不是兵器，凹口应该是长期使用造成的磨损，合理的推断是玉璋经常用来切削竹木、柳条、树皮等物品，造成磨损刃口。

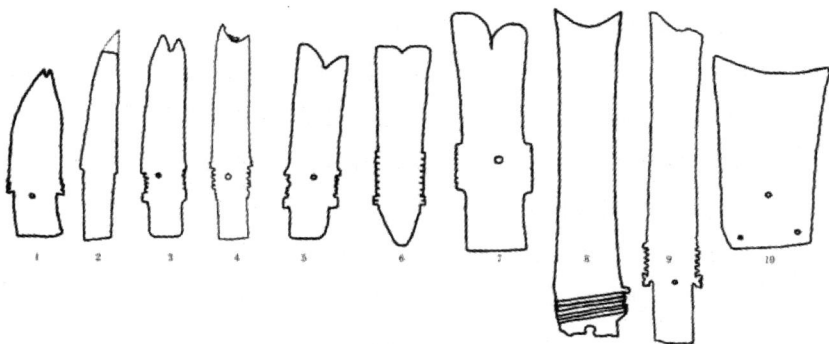

图 3-12 玉 璋

四川省金沙遗址出土部分玉石璋 夏商时期

《周礼》的记载很庞杂，但它是归纳整理性的书籍，其中记载的器物出现时间要比成书早一两千年，器物本来以实际使用为主，玉璋的实际使用功能完全退化后才演变为礼器，在典籍记载前，出现在新石器时期，玉璋不管是做聘，起军旅，还是天子巡守；都是六器中最具有实际使用功能的器物，各地出土的玉璋，从磨损痕迹和断口都证明了这一点。

玉璋上的磨损痕迹怎么看，它切削过什么东西？在青铜器物没有出现前，玉璋是新石器时期最实用的一种工具，长期切削而造成凹口磨损的劳动工具不是很多；挖地，现代农业中有使用铁铲，长期使用，磨损后会形成凹口，用玉璋挖地容易折断，显然不适合。玉璋的凹口是长期使用后才形成的，而并非有意识打磨成的，即使有意识打磨，也是这种形式的工具，适合的劳动方式，其加工的对象器物必须是弧形，细条形，而且要柔软，长期使用，能磨损玉石，推想来，在当时的条件下，这样的东西不是很多，加工稻草不用进行长条形摩擦，可以排除稻草，则加工对象应该是树皮，用玉璋来切削树皮，从刃口看，也是最合适的，各种树皮的纤维能制作成麻绳、麻布，不同刃口的玉璋在切割树皮中起不同的作用。除了切割树皮，也可以切削木条，竹枝做成弓箭，树皮做成弓弦，树枝做成箭杆，"璋砥射"，"射"也可以理解成树的边。

"璋砥射，以祀山川"有两种解释，一种是"璋"作为后句的主语，璋用来祭祀山川；另一种就是"射"作为主语，射可以是树边，用玉璋切削树的边，制作成麻绳、麻布，用来赠送给宾客，也是可以的。"射"也可以是弓箭，在孔子六艺中就有提到"射"艺。弓箭的出现，早到两万八千年前，1963年在山西省朔县峙峪村发掘出土了一枚旧石器时代晚期的打制石镞；玉璋如果用来制作弓箭，当箭矢射在山林里，就成了祭祀山川，箭矢造好了赠送给宾客，显然宾客也能随身带走，玉璋器型偏大，携带不方便，用璋制作璋送客人有些不合情理，从上句看，"璋"应该切削了"射"，而"射"应该成为后句的主语，显然，是用弓或者箭来赠送宾客，也是比较合理的。

如果"璋砥射"中，"射"解释成树的边，玉璋就成了切削树皮的工具，在大山里切削树皮。璋的功能显然不止这些，可以切削木头，也可以切削其他东西。

玉璋的边牙很多（图 3-13），这样的边牙在许多器物上都出现过，诸如玉璇玑，玉钺。有学者说带齿牙的玉璋是礼器，没有齿牙的是实用器物，这是没有根据的；从实用性看，齿牙最适合绑绳子，用线绳锯开，这个宽度也正好是绳子的凹口。绑木杆的时候，没有边牙，一用力就容易掉，这些边牙可以扣住绳子，不让器物从绑扎中脱落；边牙方便绑扎，也起装饰作用。

器物的绑扎是件很麻烦的事情，有些玉璋上有两个孔，绑扎后，两点定一线，绑扎得比较牢靠，不容易脱落，偃师二里头出土的商早期玉圭就带有两个孔；用绳子固定，两孔绑扎固定，比单孔绑扎更牢靠，用力不会跑偏，器物不容易松动或者歪曲松脱。

　　夏商时期，铜器出现，玉石和青铜共用，只是玉石工具的脆性，在使用中很容易断裂，青铜工具替代了玉石工具，玉石工具被大量抛弃，河南省偃师市二里头考古出土了许多的玉石工具；青铜器物的出现，使得牙璋不再重要，加工边牙的功夫很耗费工时，边牙的做法逐渐被淘汰。这一时期的玉璋，逐渐失去实际功能，玉石器物的绑扎技术也有了进步，边牙的做法被淘汰，到商周之后，器物已经不再出现边牙了。

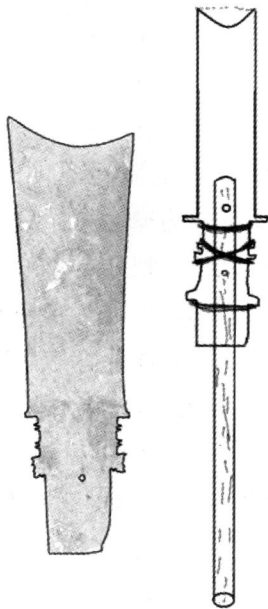

图 3-13　牙璋　二里头文化

河南省偃师市二里头遗址五区 3 号墓出土

　　"以赤璋礼南方"，赤色的玉石很罕见，考古出土中还没有见到红色的玉石。朱砂的出现很早，河姆渡人就用朱砂做颜料。湖南辰州出产的朱砂最好，也叫辰砂。把朱砂涂抹在玉器上，就能做赤璋。河南省偃师市二里头遗址五区3号墓出土过一件用朱砂涂抹过的玉璋（图3-13）。

祭祀时，"以赤璋礼南方"，用涂抹过朱砂的玉璋祭拜南方；《周礼》："璋砥射，以祀山川"，《尚书·舜典》载："望于山川，遍于群神。"向着南方，祭祀山神；既祈求保佑自己的平安，也感谢山神的给予，通过祭祀表达对山神的敬仰之情。

（四）青圭

《周礼·春官》载："以玉作六瑞，以等邦国，王执镇圭，公执桓圭，侯执信圭，伯执躬圭，子执谷璧，男执蒲璧。"这是早期有关玉圭的记载，把玉圭分成几种类型，分别适用于不同等级身份的人；镇圭、桓圭、信圭、躬圭，已经很难区分出来。三代出土玉器中有许多玉柄形器，在形制上类似玉圭，是工具还是玉圭，不得而知，玉柄形器在形式上更像握锥。

《说文》载："剡上为圭，半圭为璋。从玉章声圭。"

剡的意思为尖，尖头朝上为圭，把玉圭对半劈开就成了璋。不过，从考古发现和出土来说，璋的器型很多，形式也各不相同，从刃头的形式来看，有齐头刃形、斜刃形、歧刃形等，目前有把平头的璋定义成圭，偃师二里头出土的商早期玉圭和殷墟妇好墓出土商晚期玉圭都是平头造型。商朝玉圭少见尖头型的，大多为平头型的，不符合《说文》中的描述。《说文》成书于东汉，以东汉时的风俗来解说夏商和史前不能保证准确。平头形的玉器是璋还是圭暂且不论，以尖头朝上的标准来看，最早的玉圭出土于山西襄汾县陶寺遗址（图3-14-1），这种造型的玉圭使用跨度非常长，从陶寺文化一直到明朝，都有出土记载。

尖头朝上的玉圭，商朝很少见，几乎没有考古发现。两周时期，出土玉圭的墓葬等级都非常高，玉圭似乎是天子和王的信物。陕西省扶风县黄堆村25号墓葬出土了两件西周中期的玉圭，在这个墓葬区发掘了一座大型殉葬车马坑，坑中有殉马 40 余匹及车 20 余辆，是已知两周墓葬中最高等级的墓葬，由此推断王陵的可能。1965 年，山西省侯马晋国遗址出土大量盟誓辞文玉石片，称为"侯马盟书"，这些文字书写在玉圭、石片上，预示着玉圭作为信物的重要性，有代表上天见证的含义。1957 年，考古队在洛阳市王城中的小屯发现四座相连的甲字形大墓，出土了一件白色玉圭片，上面用墨书写"天子"二字，明确了墓主东周天子的身份。1951 年，河南省辉县固围村出土战国中期玉圭（图 3-14-2），该处墓地是战国中期魏国的王族墓地，出土了玉圭 6 件。

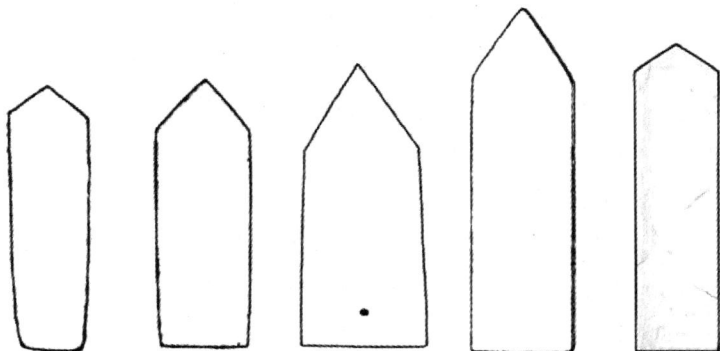

图 3-14 玉 圭

1 陶寺文化	2 战国中期	3 西汉	4 三国	5 明朝
山西襄汾陶寺遗址	河南辉县固围村	江苏大云山江都王	曹操"高陵"	山东邹城明鲁王

西汉时期也有玉圭，河北省满城西汉中山靖王刘胜墓出土过玉圭，陕西省咸阳市周陵乡汉成帝延陵陵园南阙门遗址出土过素面玉圭，这些玉圭的主人都是君王。陕西省长安县茅坡村汉墓出土的 4 件玉圭，由双层纹饰的玉璧改制而来，属于玉璧改成的玉圭，不属于标准的玉圭。江苏省盱眙县大云山江都王陵园出土过玉圭（图 3-14-3），是诸侯王的墓葬；到了三国，曹操墓葬也出土过石圭（图 3-14-4），曹操为魏王。

出土的明朝玉圭比较多，北京市昌平区明代万历皇帝定陵地宫出土了两件玉圭，其中一件正面阴刻四山纹，描金，象征东、南、西、北四镇之山，寓意"江山在握，安定四方"，为皇帝大典时所持之物。明朝王室墓葬中出土数量不等的玉圭，湖北省钟祥市梁庄王墓出土的谷云纹玉圭，山东省邹城明鲁王朱檀墓出土的素纹白玉圭（图3-14-5），江西省南城县岳口公社游家港大队女冠山明益宣王朱翊鈏元妃李氏墓出土谷云纹玉圭，以及皇帝亲征时所持的"讨罪安民"玉圭等。

玉圭代表的是权力，"天之历数在尔躬"，玉圭是古代最早用于计算历法的器物。在《周礼》出现之前，玉圭已在使用，陶寺文化中的玉圭能测量太阳照射角度的变化。在商周，玉圭也用于计时，《周礼·地官·司徒》载："以土圭之法，测土深，正日景，以求地中。"史书记载，祖冲之曾"亲星圭尺，躬察仪漏，目尽毫厘，心穷筹策"，从文字记述看，玉圭在南北朝时期还是计时工具。到了明朝，圭只用于礼制中，体现君臣礼仪，没有计时作用，其测量时间的功能被日晷仪取代。

"以青圭礼东方，"商周的土圭，南北朝时期的圭尺，都是用来计算时间和历法的，青色代表黎明时分青黑的颜色；玉圭朝太阳升起的方向摆放，太阳升起，圭的阴影投射到地上，就能知道一天中的大概时辰。玉圭朝向东方，计算太阳照射玉圭在地上形成的影子；两周时期，"以青圭礼东方"，表达对太阳的崇敬。

圭是圭，璧是璧，这是两种不同型制的玉器，乾隆皇帝怀疑圭璧合体器型的存在；现代，曾经有学者从海外购得圭璧，但不能将其断代为战汉器物，器物文字书写存在明显错误。圭璧的断代上限为清，是迎合皇帝意图而作，清以前是没有圭璧的。有学者以《周礼·考工记》中的"圭璧五寸，以祀日月星辰"，就断章取义，合称圭璧，古文是没有标点符号的，"圭璧五寸"，将"圭""璧"分开，各指五寸，而并非单指圭璧合体器物。圭是圭，璧是璧，圭璧合体，与《周礼》六器不合。

（五）黄 琮

玉琮的加工多使用线锯，先切出四边，再上下切割，形成一长方体，然后利用管钻旋转切割，掏出中心的圆柱，形成中空圆形腔体，在掏膛技术未出现之前，都使用管钻钻芯，形成对穿孔。玉琮对材料要求相对比较高，材料块度要大，能切割出四方体；齐家文化出土过玉琮的半成品（图 3-15-1），未掏出腔膛，未打磨出边弦，外形呈现长方形。

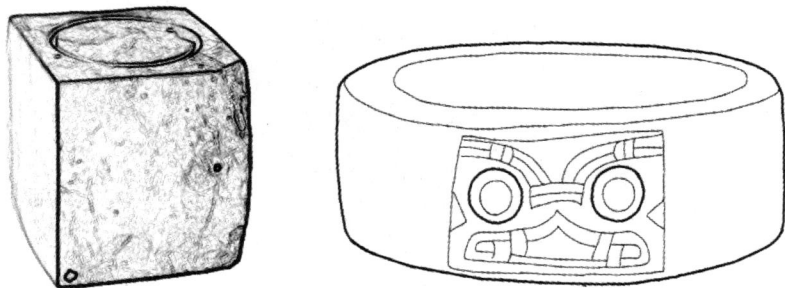

图 3-15　方形玉琮和圆形玉琮

1 玉琮 齐家文化　　　　　　　　　2 兽面纹圆形玉琮　良渚文化
半成品　　　　　　　　　　　　　江苏省吴县张陵山 4 号墓

从外形上分，玉琮分圆形和方形，目前大多以方形为主。浙江余杭反山12 号墓葬，陕西省西安市灞桥区老牛坡遗址，江苏吴县张陵山 4 号墓葬（图3-15-2）都出土过圆形玉琮；有学者把圆形玉琮归为装饰器物，也有人认为是圆形玉镯。

玉琮的功能最有争议，有十几种之多，普遍观点认为玉琮是礼器。一般以方形的玉琮为典型，外八角而内圆，八角取义八方象地之形，中间空心，对应大地无穷象之德，玉琮用以祭地。

圆形玉琮有带兽面纹饰，有素面的，方形玉琮也分素面和带纹饰的，纹饰中有旋纹，直线纹饰，直线切割形成玉琮的节。良渚文化出土的玉琮上还有典型的纹饰——良渚神徽，有学者认为其形是"神人骑神兽"，神兽解释成老虎纹饰。江苏省武进市寺墩 4 号墓出土的玉琮（图 3-16），上面的纹饰为人头，下面的纹饰为老虎；形成神人骑老虎的纹饰。人面兽首纹饰的玉琮出土很多。

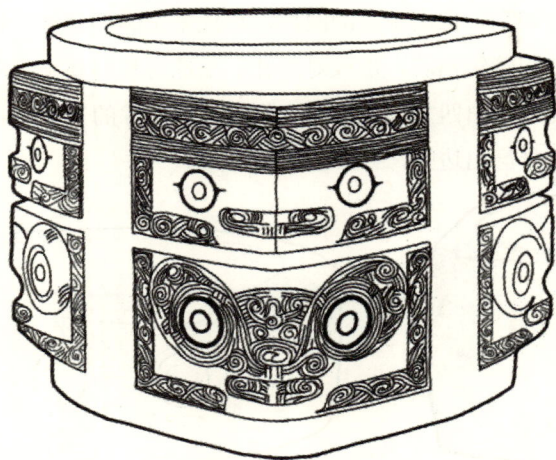

图 3-16 神人兽面纹玉琮

良渚文化　江苏省武进市寺墩 4 号墓出土

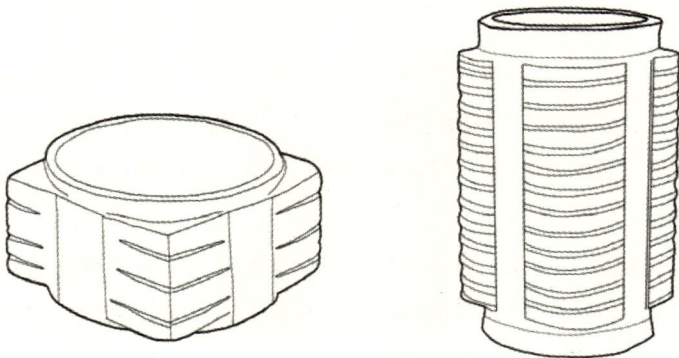

图 3-17 带节玉琮和弦纹玉琮

1　陶寺文化　　　　　　　　　　　2　齐家文化

山西省襄汾县陶寺遗址 3168 号墓出土　　甘肃省静宁县治平乡后柳沟村出土

从玉琮的出土数量和地域分布看，玉琮的形式具有地域文化的特点，是地域文化的代表性器物，出土玉琮最多的是良渚文化，玉琮是良渚文化最典型的器物。良渚文化以环太湖流域为中心，主要集中在江苏和浙江一带，以浙江余杭为主要地区，上海市青浦福泉山、江阴市高城墩遗址、常州市武进寺墩、江苏省苏州市草鞋山等地都出土过玉琮。良渚文化的流传范围和影响很广，山西的陶寺文化（图 3-17-1）、甘肃的齐家文化，陕西、四川等地都出土有新石器时期的玉琮；齐家文化中，甘肃省静宁县治平乡后柳沟村出土的玉琮（图 3-17- 2）最为精美。

玉琮，不管是圆形还是方形，中孔直径大约在 6 厘米左右，比较适合装饰佩带使用，有些方形的玉琮体形非常高大，显然不适合佩带使用。

良渚文化中出土过许多管柱形玉器，具有穿挂佩戴和装饰的作用，余杭瑶山 9 号墓葬出土过带盖子的圆形管柱玉器，底空带盖，比较特殊，类似蛐蛐罐，适合养昆虫。这些管柱形玉器用玉琮的管芯加工而成，有些加工出浅浮雕纹饰。

良渚玉器的加工技艺非常高超，在管芯上加工浮雕，要减去整个一层地子才能做到，把圆形的管芯加工成方形式样的管柱玉琮，这样的技法，在整个中原地区来说非常高超。从神徽纹饰和繁杂的线条纹饰看，良渚地区的玉器加工技术在当时达到无与伦比的境界，在同时期的文化中处于领先的地位，这种地域性的优势文化，得到周边地区文化的广泛推崇和传播，甚至影响到甘肃地区的齐家文化。

商周时期出土的玉琮比较少，商代的金沙遗址中出土过素面玉琮（图 3-18-1）和四节玉琮，四节玉琮上有类似良渚玉器上的节，殷墟妇好墓和广汉三星堆祭祀坑也出土过玉琮。西周时期的河南省三门峡虢国墓地出土过八件玉琮，中孔直径大多与良渚玉琮的孔径尺寸不符。陕西长安县张家坡 170 号墓出土的西周时期玉琮（图 3-18-2）带有鸟形纹饰，应该是装饰品。从纹饰看，凤鸟祭地不太适合，商周时期的玉琮显然不是祭祀使用的。

战国时期，玉琮很罕见，几乎不使用玉琮。汉代，玉琮几乎绝迹，考古发现只出土过两件玉琮，分别于河北省满城西汉中山靖王刘胜墓，和江苏省涟水县三里墩西汉墓葬中出土过带座玉琮。《周礼》成书于战国末期，但同一时期却不见玉琮，显然玉琮只是观念上的玉器。

图 3-18 素纹玉琮和凤鸟纹玉琮

1 商代　四川省金沙遗址出土　　　2 西周　陕西省长安县张家坡 170 号墓出土

大多数人认为，玉琮是一种礼器，其说来自《周礼》"以黄琮礼地"。按照这种说法，玉琮应该用黄色的玉石材料制作，但从出土的情况看，良渚地区出土的玉琮是用淡青色的玉石制作而成，材料多为江苏省溧阳地区的梅岭玉，而并不是"黄琮礼地"所对应的黄色玉石；江浙一带的土壤是褐色的，也对应不了黄土之说；陕西一带的土壤才是黄色的，在陶寺文化中，山西省襄汾县陶寺遗址 3168 号墓出土的是黄色玉琮（图 3-17-1），"以黄琮礼地"的说法显然不适用于良渚文化，而良渚文化是玉琮的发源地。

玉琮有五千多年的历史，而三千年前的夏商朝就已经不再使用玉琮了，青铜文明出现，玉石文明消亡，许多玉石器物的用途也就不可知；对玉琮功能的探索还在进行，有人说玉琮是砣刀的支架、轴套，不管是支架还是轴套，要转动就会形成重力下压，出现单边摩擦留下的磨损痕迹，而出土的玉琮上没有单边摩擦磨损的痕迹。有人说玉琮是测天用的，还有人说玉琮是食用的，如此种种。

两周时期，玉琮已经没有了实际使用功能，《周礼》中记载的玉琮是礼器，研究者把玉琮作为祭祀礼器显然出于典籍，但器物不可能一开始就作为精神崇拜之物，应该先是实用之物，然后被崇敬为礼器。

陪葬的玉琮，可以是装饰品，用绳子穿挂佩带，猪龙能佩戴，玉琮也能佩戴，大型玉琮也可以放在家中作为装饰品；玉琮中间掏出的玉芯加工成管柱，管柱具有明显的装饰作用，明清还用瓷琮作摆设。玉琮还是财富的象征，玉琮需要用钱财交换得来，本身就是财富的象征。

不管是作为何种使用器物出现，在商朝，玉琮只是装饰品，到了东周，中原地区从玉琮器物上抽象出象征大地的四方，将其视为大地的象征，用以祭祀——"以黄琮礼地"，作为玉石灵器，以沟通大地神灵，这是后起之意。

（六）白 琥

琥，首先让人联想起虎符。《说文》载：琥是"发兵瑞玉"。

虎符是用来调兵的信物，两周时期出土的虎符大多是用青铜制作，也有玉和错金等形式，虎符是一符一用，专符专用。济南市博物馆藏的"南郡左二"战国玉符，用玉石制作；用玉石做成老虎的纹饰造型，就是琥。在篆书中，"玉"字同"王"，虎带王字旁，表示用玉石加工而成。琥，就是形似老虎的玉器，琥作为发兵信符使用，演化为礼器用玉。

动物造型的形成和改变，是个漫长的演变过程，玉虎是从红山文化的玉玦演化而来，到了商朝，团身玉虎伸展开（图3-19-1），就成了玉虎；用玉石加工成虎的整体造型，始于商代，商代妇好墓中出土了八件玉虎，其中的立体圆雕玉虎（图3-19-2）可能是最早的琥型圆雕玉器。到了东周，琥形玉器成为祭祀使用的礼器。

虎形玉器，从具象的形态出现，再到抽象的螭纹，经历了一个漫长的演化过程，从商代开始，团身玉虎伸展开，出现写实的玉虎形态，这种风格一直延续到西周，西周时期，山西省黎城县西关村塔坡 10 号墓（图 3-20-1）、陕西省宝鸡茹家庄伯墓（图 3-20-2）、三门峡市虢国墓等地都出土过写实风格的玉虎，造型各异，身上的纹饰都相对质朴，老虎造型比较具体形象。

图 3-19　玉虎　商代

河南省安阳殷墟妇好墓葬出土

图 3-20　玉虎　西周

1 西周　山西省黎城县西关村塔坡 10 号墓　　　2 西周　陕西省宝鸡茹家庄伯墓出土

玉器上的老虎造型，逐渐演变成螭纹，从山西曲沃县羊舌村出土的玉虎（图 3-21-1）到长治市分水岭 84 号墓出土的玉虎（图 3-21-2），虎形纹饰逐渐过渡到螭纹，螭纹以正面和侧面造型出现，形成战汉时期最典型的螭纹形态纹饰。

玉虎是两周时期最高权力的代表，东周出土的虎形玉器很多，其中就有玉虎兵符，虎代表勇猛和无畏，玉虎成了兵权的象征。

图 3-21 玉虎演变成螭纹

1 西周 山西省曲沃县羊舌村出土　　　　　2 战国 长治市分水岭 84 号墓出土

　　对于玉虎的推崇，东周时期喜欢用夸张的手法和装饰性的艺术，来表现玉虎，玉石出现了以虎为造型的玉璜，纹饰非常繁复，线条复杂，极其具有艺术性，河南光山县宝相寺出土的春秋早期玉虎（图 3-22），繁复的装饰线条布满全身；河南省淅川县下寺一号楚墓出土的虎形玉璜，延续了复杂的装饰纹饰；河北省平山县中山国国王墓出土的虎形玉璜（图 3-23），由繁复的装饰纹饰勾勒，眼睛上方出现眉角，鼻子上有勾卷云纹，从虎形纹饰逐渐演变成螭纹，老虎从具象的纹饰演变成抽象的螭纹。

图 3-22 虎形玉佩 春秋

河南省光山县宝相寺黄君孟墓出土

　　出土的这几件玉虎器物，用繁复的纹饰，特殊的形态，复杂的加工工艺，人为制造纹饰的复杂性，形成器物的不可复制性，线条越多，越可以增加信物的对比性，从形式和内容上来看，纹饰复杂的虎纹玉璜具备了作为信物使用的特点。

　　虎型纹饰玉器的出现，以商代为最早，在已知的各个文化时期中都未出土过写实风格的玉虎；从玉石加工的技法来说，当时很难制作出玉虎器型和纹饰，远古的玉石加工，用绳锯切割和竹管穿孔，难以实现动物纹饰造型的精细加工。虽然有虎头玉牌饰的出现，但是，没有形成具体形态的老虎纹饰。

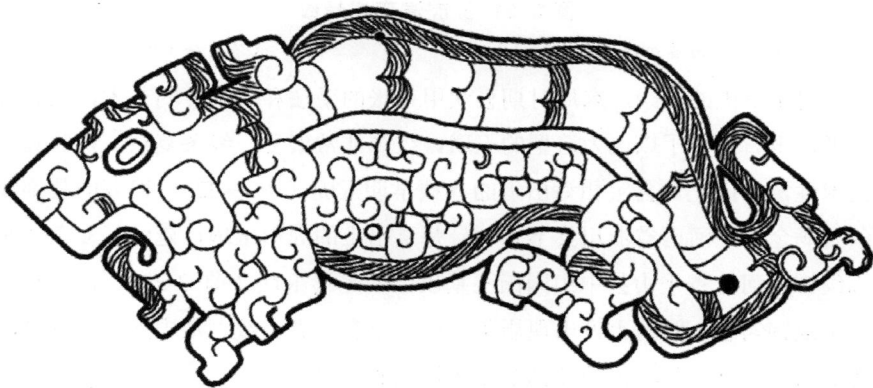

图 3-23　虎形玉器　战国
河北省平山县中山国国王墓出土

　　随着战争中信符的出现，玉虎作为信物的使用，演变成琥符。调动军队，需要信物凭证，于是出现了铜符，铜符出现后，才有玉符。铜和玉石器物共存，玉器的地位要高于青铜器物。用玉石做成的琥符，成为了最至高无上的权利，这就是《周礼》推崇玉琥的原因。

　　到了汉代，单独造型的玉虎不再出现，国家统一，社会安定，没有诸侯国之间的征战，虽然有铜虎符，却没有出现玉虎符，而且汉代使用铜虎符必须要有玺书，以皇帝传国玉玺的印鉴，作为信物凭证，玉琥符消亡了。

玉石工具和玉戈

新石器时期，出现玉石打磨成的器物，玉石成为生产工具的材料。随着青铜器物的出现，人们不再用玉石制作生产工具；两周时期，玉石作为装饰品和祭祀器物。战国时，玉器成为礼器，和社会道德礼仪结合，六器说出现。

六器之外，还有很多有象征意义的器物，最典型的就是玉斧、玉钺和玉戚，这三种器物的使用时间跨度很长，却未成为礼器，这三种器物，在各个文化时期的遗址中都有出土。

图 3-24 钺与戈

1 玉钺 良渚文化　　　　2 甲骨文"戈"　　　　3 甲骨文"戈"的推演器形

有研究者认为，玉斧钺的整体形状是"王"字的象形来源，但目前甲骨文的字形研究却推翻这一假设。在甲骨文中，"王"字是"大"字下面加一横，"大"字形，一横代表着地，也就是地上最大，后来头上加了一横，头上一横代表了天，"天"字形，变成天和地之间最大，"王"字跟斧钺的象形没有关系，斧钺的象形更像"戈"字型，甲骨文"戈"的字形与现代"王"的字形最接近，但不是"王"字的源头。

良渚文化中出土了很多斧钺，良渚反山 M20 和瑶山 M7 出土的手持斧钺形式比较特殊，这种斧钺的整体形式（图 3-24-1）非常罕见，斧钺柄上有玉帽子盖，下有玉手柄托。

从造字的角度看，反山 M20 斧钺的形状很类似甲骨文"戈"（图 3-24-2）的字形，甲骨文"戈"的字形也有上盖下托，斧钺和戈是两种不同的器物，由此推想出戈的另一种形式（图 3-24-3）是根据甲骨文"戈"字形推演出来的，以上盖下托来装饰玉戈。

良渚玉器非常精美，传播也很广，从玉琮的传播范围就能看出，良渚文化中斧钺上盖下托的形式也被其他地域文化效仿，良渚文化斧钺的形式影响到玉戈，出现上盖下托的玉戈也是可能的。

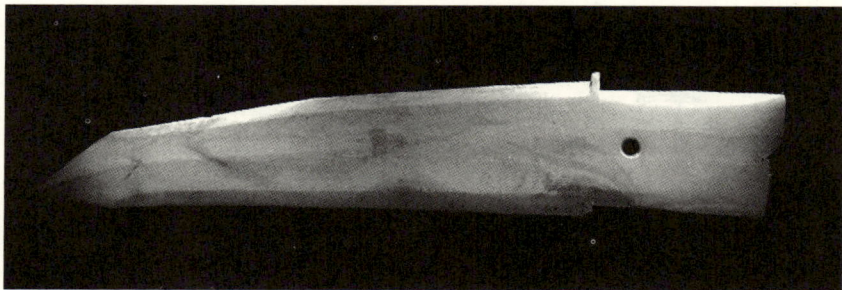

图 3-25 玉 戈

四川省金沙遗址出土 商早期

玉戈最早出土于河南偃师市二里头文化遗址，最早同玉璋关系比较密切，金沙遗址出土的部分玉璋的造型也似玉戈，有些玉璋（图 3-12-1）的形制处于戈和璋之间，类似戈，但做璋的切削使用，形成凹口。金沙遗址出土的玉戈（图 3-25），两边锋利，刀刃成弧形，绑扎上木柄（图 3-26），就成了镰刀式样的器物，玉戈的弧形弯曲形态比较像是生产工具。

早期的戈应该是生产工具，用以切割农作物，类似现代的镰刀（图 3-27-2），后来成为兵器，如同斧头、玉钺、弓箭、长矛、玉戈、玉刀一样，早期的战士由伐木工、农夫、猎人等组成，而他们所持的生产工具中，以斧头和玉钺的力量最大，用于战斗冲突中征战最有杀伤力，玉戈很容易折断，所以斧头和玉钺成为了兵器之王，成为领袖的象征，手持玉戈一般都是普通民众。这个传统也保留下来，青铜戈（图 3-27-1）就是普通士兵配备的武器。

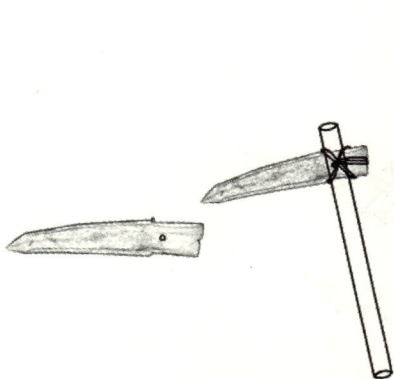

图 3-26 玉 戈

四川金沙遗址出土　商代

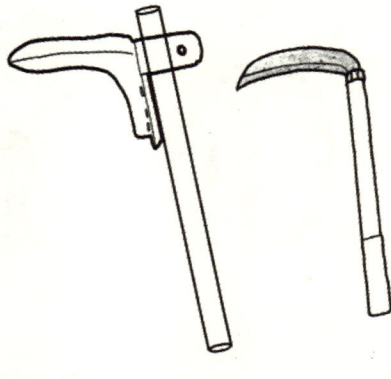

图 3-27 戈与镰刀

1 青铜戈　春秋　　2 镰刀　现代

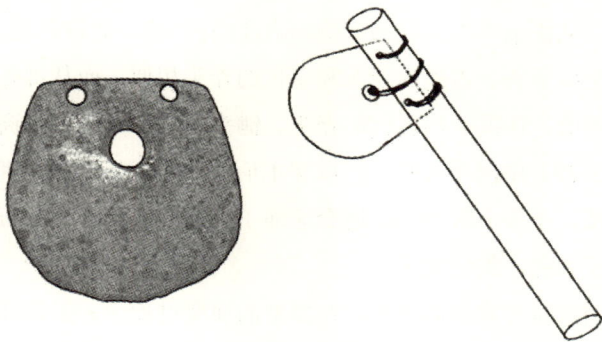

图 3-28 石 钺

红山文化　内蒙古敖汉旗博物馆藏

　　良渚文化出土的玉斧、玉钺，按照埋葬方式，有右手持斧，左手持钺之说，实际出土中，墓主左右都有握斧或者钺的现象，右手持斧，左手持钺的埋葬方式说明对斧钺的重视。上盖下托的斧钺比较少见，所以有观点认为是部族首领或君主的用具。良渚文化出土了许多左右两边持斧钺的墓葬形式，陪葬大量玉石斧头，说明斧钺在良渚文化中的重要性。

　　钺的形式类似斧头，红山文化中有出土过斧钺，内蒙古敖汉旗新窝铺乡份子地上也出土过石钺（图 3-28），三孔或者多孔，用于绑扎牢靠，经过绑扎的器物，可用于生产劳动，做砍伐使用。

图 3-29 玉 戚

商晚期 河南安阳殷墟妇好墓出土

玉斧、玉钺和玉戚的名称和器型有不少争议；许慎《说文》："钺，大斧也"；"戉也，从戈ㄆ声"。《汉书》颜师古注曰："钺、戚皆斧属。"这三种器物的形状都类似斧头。古代的斧头和现代的斧头相似，而从绑扎方式看，三者还是有区别的，情况类似现代的斧头、锄头和铁铲。例如，商代殷墟出土的玉戚（图 3-29）中间穿大孔，可以穿木柄，两边齿牙，方便绑扎绳索。良渚出土的斧钺，斧头上带小孔，适合穿绳子，类似现代斧头，玉钺是更大的斧头，玉戚穿大孔，类似锄头。

青铜钺的绑扎方式类似斧头，在器型的演变过程中，玉钺和玉戚合在一起，类似月牙铲的大铲兵器出现了。

斧钺作为兵器出现的时间很早，既作为工具，也作为兵器，商周时期，以青铜兵器替代玉石器物。到了战国，受道家思想的影响，战争与礼制不合，"夫兵者，不祥之器，物或恶之"，凡是兵器都被摒弃在《周礼》之外，包括玉斧、玉钺和玉戚。

汉代画像石中有蚩尤像，手持五兵——斧、钺、刀、剑、弓；由于斧钺是兵器，因而《周礼》不列入礼器；玉戈出现的时候可能是作为劳动工具，后来演变成为兵器，所以也未列入礼制。

玉璇玑的作用

　　"璇玑"两字，语出《尚书·舜典》："在璇玑玉衡，以齐七政。"这也是司马迁在《史记·天官书》中所陈述的观点，璇玑玉衡就是北斗七星。

　　魏晋时的《春秋运斗枢》载："北斗七星第一天枢，第二璇，第三玑，第四权，第五玉衡，第六开阳，第七摇光。一至四为魁，五至七为杓(柄)，合为斗。居阴布阳，故称北斗。"

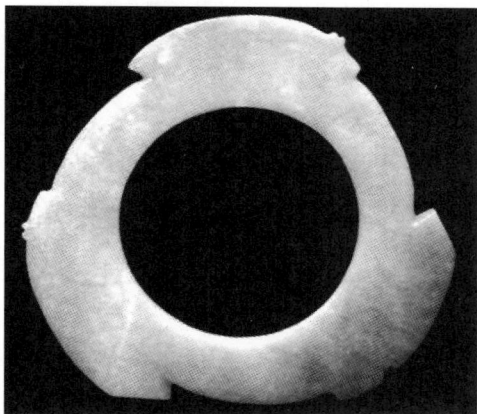

图 3-30 玉璇玑

龙山文化　上海博物馆藏

　　"在璇玑玉衡，以齐七政"，七政的解释繁多；司马迁将北斗七星与紫薇星联系起来，北斗七星围绕着紫薇星旋转，紫薇星预示着帝王气数的运盛和颓败，璇玑玉衡就变成了群臣围绕着帝王运转；七政应该理解成当时的社会组成，也就是围绕着紫薇星旋转的几大社会政务，紫薇星是皇帝，七政应该泛指当时的财政、兵权、官吏、礼制等政务，以天象来代表国家，形成皇帝是天的代表，天象成了社会政务和皇帝运盛相互关联的暗示。

　　北斗七星中有璇玑两星，玉璇玑（图3-30）被看成测天仪，西汉学者孔安国认为："在，察也，璇，美玉也；玑衡，王者正天文之器，可运转者。"

联系起来解读，意思为：拿着玉璇玑，看北斗七星的运转，就能知道社会的七大政务运作情况。

1 龙山文化

山东藤县里庄出土

2 庙底沟二期

山西省芮城县清凉寺墓地100号墓出土

3 商晚期

河南淮阳冯唐村出土

4 商朝

河南安阳殷墟遗址出土

图 3-31 玉璇玑

关于玉璇玑的讨论很多，现代人大多认为玉璇玑是观测天文星象的工具，北斗七星名字中有天璇、天玑；而忽略了璇玑的真实旋转功能。

最早的玉璇玑出现在大汶口文化晚期，山东胶县三里河出土，距今四五千年；从玉璇玑考古发现的时间看，延续使用的时间很长，一直延续到商周时期，跨了一二千年。从种类看，有三叶和四叶两种。山东藤县里庄出土的龙山文化玉璇玑（图 3-31-1）是三叶状的，山西省芮城县清凉寺墓地100号墓出土的玉璇玑是四叶状的（图 3-31-2）。从钙化程度分析，清凉寺墓地四叶璇玑边缘出现白化现象，璇玑旋转切割产生摩擦发热，导致玉石容易钙化；商代河南淮阳冯唐村出土的三叶璇玑（3-31-3），和上海博物馆藏的龙山文化玉璇玑在形状上很类似，这是目前玉璇玑的主要器型。河南安阳殷墟遗址出土的牙璧（图 3-31-4），以带齿玉璧命名，其实从器物形态看，应该是四叶玉璇玑，四叶片带有明显弧度，这种弧度具有单向旋转切削功能。

玉璇玑要旋转，木柄与玉璇玑容易脱落，于是，在璇玑的内孔上开一个凹口，让木柄嵌入玉璇玑中，旋转起来不容易脱落，商代殷墟妇好墓出土的玉璇玑，内孔上就有凹口，故宫收藏的商代玉蝉形出牙环（玉璇玑）的内孔上也有凹口。

这些器物出现的时间都要比史书记载的早，从字面的理解意思看，旋是旋转的意思，玑是不圆整的玉石，璇玑的意思就是旋转的不圆整玉石。从器物的形状看，玉璇玑明显具有旋转的特点，玉璇玑带有旋转的功能。

新石器时期的许多玉石器物叫不出名字，史书也未记载，这和原始社会的状态有关。远古时候的先民是没有概念的，刀、剑、斧、钺……对他们来说，都不知名，原始先民是创造者，他们创造出实用的器型，后人加上名字。所以，先有器物，再有名字，圭、璧、琮、璋、璜……都在不断演化，无数的器型变化，这些变化以实际社会需求为动力。装饰就是装饰，工具就是工具，工具不会以花俏式样出现，实用的需求导致形式繁多的器物出现。

玉璇玑本身具有旋转切削功能，有了玉璇玑之后，看到北斗星的运转现象，以璇玑来给北斗七星取名，用旋转运动着的意思来表达北斗七星；用玉璇玑观测天象是行不通的。有学者说用翘牙对准固定的星体，先定位再观测周围的星体；但这很难做到，翘牙适合绑扎，于观测天象无任何补益。

玉璇玑最初应该具有旋转功能，套一根木棍在玉璇玑中间，绑扎牢靠，旋转木棍，带动玉璇玑转动，玉璇玑就成了旋转的刀片，能旋转的玉璇玑可以用来切割绳索、稻草等软性纤维，是早期的切割工具。

玉璇玑突起的三叶叶片跟现代船舶的螺旋桨形状相似，螺旋桨的旋转产生后推力，玉璇玑的旋转产生平面旋转力，旋转运作起来，具备多次多点切割的功能，用来锯绳索十分利索。加上支架、绳索、脚踏，就成为原始的砣

机，可以用来切割树皮、草木，翘牙也可以起到预切割的作用，也是固定玉
璇玑时绑绳子的凹槽，在璇玑转动过程中起保护绳子的作用。没有翘牙，玉
璇玑转动时绳子容易断裂；凸点有多点切削作用，犹如锯子的齿牙，特别适
合剁碎草料。

　　切削用的璇玑，刃口要很锋利，但有些出土的璇玑没有锋利的刃口，钝
口旋转，适用的场合比较复杂，钝口具备往复敲打的作用，可以加工纤维织
物，可以切削，也可以脱粒，跟今天的机械脱粒很相似（图 3-32）。

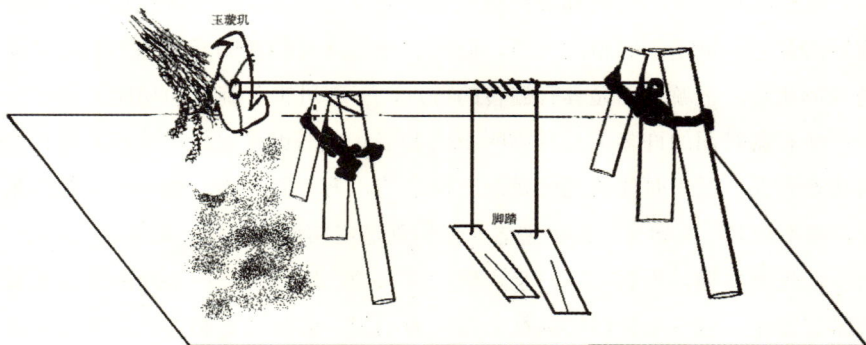

图 3-32 玉璇玑 切割或脱粒用

　　玉璇玑可以用于稻秣脱粒，使手工脱粒发展为工具脱粒，提高生产效率，
单个叶片旋转，效率不高，搓揉和璇玑脱粒同时使用，要等到梿枷脱粒出现，
梿枷（两周）的出现，据《国语·齐语》载："……耒、耜、枷、芟，及寒，
击菒除田，以待时耕"，在公元前七世纪的齐国出现了梿枷脱粒，梿枷脱粒提
高了脱粒效率，打场扬谷一直沿用到解放后，现代都是以机器脱粒。梿枷脱
粒工具的出现，使得玉璇玑失去作用。玉石加工工艺进步，人们不但能制作
小件器物，还能制作大型器物，原始大型石器出现，碌碡、石磙的出现，青
铜切割工具的出现，都加速了玉璇玑的消亡。

　　人类要生存，首先要解决温饱问题。种地需要工具，穿衣服需要材料和
剪裁缝合工具，打猎也要工具。从圆形玉璧的惯性旋转到三叶、四叶璇玑的

多点切割，无疑是生产力发展的结果。商周时期出现的巫神文化，把玉器推上祭坛，使其成为礼器，玉石工具失去实际使用功能。

　　言辞匮乏的年代，给陌生事物起名字都要借用现成的名词；原始先民喜欢观察天象，计算历法，北斗七星围绕着紫薇星的旋转，类似璇玑的运动，就借用璇玑来给北斗七星来命名。研究玉石器物的时候，这是个反推的逻辑过程。

第四章 玉器的纹饰

　　人类在探索自然，认识自然的过程中，刻画出物体的具体形象，反映在器物上，就是纹饰；纹饰通过艺术的加工，表现在器物上，作为对器物特征的补充。旧石器时期的石器打磨，以称手使用为原则，到了新石器时期，玉石加工工艺的提高，纹饰开始出现使用在玉石器物上，玉器纹饰就出现了。玉器纹饰是逐渐发展的过程，人类把自然界中认识到的动物纹饰刻画在玉器上，就出现鱼纹、鸟纹和兽纹。玉器纹饰中，云气纹饰是很重要的衬托纹饰。

　　纹饰是对自然的反映，也反映了思想的变化。战国时期，各种哲学思想萌发，各种器物纹饰的审美也随之变化。

　　汉代玉器上的纹饰繁复多样，既继承了商周纹饰的风格，又有所创新和发展，青龙、白虎、朱雀、玄武四神纹饰于此时发展完善，此类纹饰以汉武帝茂陵出土的四神纹玉铺首（图4-3-1）最为典型，四神纹饰上还饰以繁复变幻的云气纹。

　　汉代道家思想兴盛，器物风格随之改变，各种器物在表现内容上，都以云气翻腾变化为主要内容；表现在青铜器物上，青铜镜上使用云气纹，其最典型是以星云为表现手法的星云镜，以云气变化为衬托的鸟兽博局镜；漆器上的云气纹常以勾连线条的卷曲做衬底，以线条的涡旋来表现气流的运动，1972年云梦大坟头1号墓出土的西汉彩绘兽纹圆盘，以云气来衬托飞鸟；同一墓地出土锦服上的云气纹，变化更加繁复，用长线条的卷曲勾连，来表现云气的翻腾变化。

　　战汉时期，好求仙问道，天地人三界的思想出现，西汉初年马王堆出土的 T 形帛画，就体现了时人的这种思想。

纹饰的发展，有传承性和延续性，纹饰会缓慢变化，这种变化，是加工工具变革产生的变化，也是审美观念变化的结果。

本章以战汉玉器上的纹饰为研究对象，主要分析战汉时期部分纹饰的传承性和延续性，推演纹饰发展过程中的一些变化特点。

饕餮纹饰的演变

玉器上的饕餮纹，大多出现在辅首中。《神异经·西荒经》云："饕餮，兽名，身如牛，人面，目在腋下，食人。"这种说法，把饕餮描述成神兽，荒诞离奇。饕餮据传说是蚩尤败给炎黄二帝后被斩下的首级，身首异处集怨气所化，所以面目形态狰狞。

《吕氏春秋·先识览》记载："周鼎著饕餮，有首无身，食人未咽害及其身，以言报更也。"意思是：鼎上刻绘饕餮的形象，有头无身，吃人还没有咽下去，就把自己害死了。青铜鼎主要用来装食物和肉，周人在青铜鼎上以饕餮纹作装饰，用来警示吃肉的人要细嚼慢咽，小心吃得太快而噎死。从《吕氏春秋·先识览》的记述看，饕餮纹出现在两周时期的青铜鼎上，是青铜纹饰的一种。

《左传·文公十八年》："缙云氏有不才子，贪于饮食，冒于货贿，侵欲崇侈，不可盈厌；聚敛积实，不知纪极；不分孤寡，不恤穷匮。天下之民以比三凶，谓之饕餮。"这是把做恶多端的人比喻为饕餮，说他们如同老虎一样凶猛和残暴。

总的看来，饕餮多和青铜器物上的兽面纹饰相关，早期的青铜器物大多是餐具，食物器皿上的饕餮就是贪吃的兽首。

玉器上的饕餮纹，以玉牌饰的形式出现；早期出现的纹饰，以虎头牌饰为主，山西省芮城县清凉寺 87 号墓葬出土的虎头牌饰（图 4-1-1）是饕餮纹的雏形，纹饰简单，勾勒不成形；湖北省天门市石河镇肖家屋脊出土的石家河文化虎头牌饰（图 4-1-2）形态饱满，单独刻画兽首造型，这是完整虎头造型的玉牌饰；虎头牌饰演化到商代，商代晚期妇好墓出土了很多虎形玉器，其中就有兽首带角的虎头造型；陕西韩城梁带村 M19 出土的虎头牌饰，有商代的（图 4-1-3），也有西周的（图 4-1-4）。

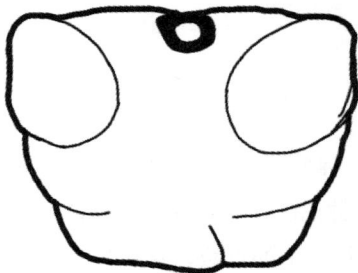

1 庙底沟文化二期

山西芮城县清凉寺 87 号墓葬出土

2 石家河文化

湖北天门市石河镇肖家屋脊出土

3 商代晚期

陕西韩城梁带村 M19 出土

4 西周中期

陕西韩城梁带村 M19 出土

图 4-1 虎头牌饰

《吕氏春秋》说饕餮"食人未咽害及其身"，形容的动物应该是老虎，商周时期，人斗不过老虎，经常发生老虎食人的事件，于是，青铜器上出现了老虎吃人的纹饰。

商朝的青铜鼎和青铜酒器上常见虎头纹饰，夸张而张扬；"周鼎著饕餮，有首无身"的描述和虎头玉牌饰的特点相吻合，虎头玉牌饰借鉴了青铜纹饰。

虎头玉牌饰受青铜纹饰的影响，也融合了其他纹饰发展的结果，商代，玉器上的虎头纹饰也受到牛头纹饰的影响，融合形成了饕餮纹饰，在山东省滕州市官桥镇前掌大村 3 号墓，出土过商代晚期牛首形玉佩；早期的饕餮牌饰（图 4-1-3）上就出现了虎头带角的纹饰。

1 春秋　河南浙川下寺楚国墓出土　　　　　　　2 西汉　徐州火山刘和墓出土

图 4-2　玉辅首

同一时期的器物会相互影响，夔龙纹饰和螭虎纹饰出现于东周，这一时期的辅首上也出现了夔龙纹饰，河南省浙川下寺楚国墓出土的玉辅首纹饰（图 4-2-1）融合了商周时期的老虎纹饰、牛头纹饰、夔龙纹饰。

饕餮牌饰和饕餮衔环纹饰都属于辅首纹饰（图 4-2），两周时期，出现用青铜器物镶嵌玉牌饰的工艺，西汉沿用这一做法。1968 年河北省满城县陵山中山靖王刘胜墓出土的青铜嵌玉辅首，把饕餮玉牌饰镶嵌在青铜辅首上，形成饕餮衔环的纹饰。

　　两周时期，青铜器皿不只是礼器，还有许多酒器，具有实用功能，需要搬动，所以用衔环纹饰来装饰虎头牌饰，虎头鼻孔穿圆环，圆环可以用来系挂绳索。出土的两周青铜器物上，有些可以发现青铜圆环向上倒立，明显显示辅首圆环作把手使用过，用绳子系挂，或用手提拉，合力抬进墓葬中，青铜圆环未复原到位，形成倒立。两周时期出土的一些青铜器物肩部大都有这样的饕餮衔圆环纹饰，这种饕餮纹饰，既有装饰的作用和看护食物的含义，又具有实际使用的功能。

　　西汉时，有些青铜辅首被安装在漆器上，漆器腐烂后只留下青铜辅首。

　　青铜器物肩部的辅首纹饰和玉器中的虎头牌饰相互影响，融合产生饕餮纹玉辅首。原始瓷器出现后，青铜器逐渐消失，饕餮纹饰出现在原始瓷器肩部，作装饰使用。

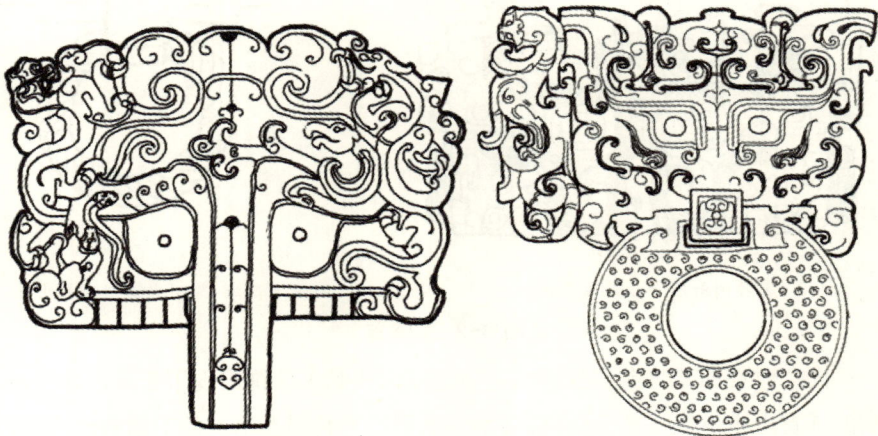

1 汉武帝茂陵出土　　　　　　　　2 广州南越王墓出土

图 4-3 玉辅首　西汉

　　西汉时期的饕餮纹饰，有些类似青铜辅首，徐州火山刘和墓出土的饕餮衔环玉辅首（图 4-2-2），就是青铜辅首的翻版，其圆环把手不能提拉，只起装饰作用；有些玉辅首略显夸张和繁复，汉武帝茂陵出土的玉辅首（图 4-3-1），鼻子勾卷，不见圆环；广州南越王墓出土的玉辅首（图 4-3-2），圆环类似玉璧，这一类型的玉辅首纹饰繁复，做工精美，充分体现了西汉玉器的艺术成就；玉辅首的出现和使用也充分体现了战汉时期上层社会的奢靡和富足。

汉代玉器上的云纹

文字来源于象形纹饰，甲骨文中就有"云"字；纹饰的表现，依稀带有文字的轮廓。

早期玉器的加工，多用形状来表现主题，很少使用辅助纹饰。到了夏商时期，青铜器出现，在陶范上刻画纹饰来浇铸青铜器物，青铜器物上出现大量云气纹饰，云气纹成了必不可少的衬托纹饰。青铜器物上使用的云气纹饰，也影响到玉器的纹饰，在玉器制作加工上，也出现了大量的云纹；商代殷墟妇好墓中出土了许多带有云气纹饰的玉器，出土的玉人身上，云气纹饰非常繁复，也说明当时衣服上流行的云气纹。

两周时期，青铜器、陶器、服饰上广泛使用云气纹饰，并且，演绎得相当繁华，同时出现的，还有云雷纹、涡旋纹和水波纹等。玉器加工中，雕琢龙形和螭形时，都会使用云气纹饰做装饰和勾勒，还会出现菱形纹饰和鳞片纹饰。这一时期，云纹以气流的涡旋为主要表现形式，在玉器表现上，云纹受工具的限制，以双阴线突出阳线，加工制作时间比较长。战国中后期，玉器加工出现了新工艺，先打好蒲格，再加工谷纹，缩短了加工时间。

《周礼》载，"以玉作六瑞，以等邦国：王执镇圭，公执桓圭，侯执信圭，伯执躬圭，子执谷璧，男执蒲璧"，后世沿用谷璧和蒲璧的名称，把玉璧上的纹饰叫成谷纹和蒲纹。

玉器纹饰繁多，汉代玉器尤甚，有谷纹、蒲纹、乳丁纹、勾连云纹，云气纹，等等。在现代表述中，存在许多错误的理解，谷纹形自稻谷发芽的形状，蒲纹类似古人坐的蒲团。乾隆认为，谷璧有"兆有年"、"兆多粟"、"庇荫嘉谷"、"庇荫赞农功"的功用，因此，谷纹有五谷丰登的意思，乳丁纹意喻哺育和人丁兴旺，蒲纹没有寓意，谷纹和蒲纹都是礼制等级的体现，和社会身份相匹配。

　　这些纹饰都是云气纹饰的变形，每个纹饰的名称里都应加一个"云"字，变成谷云纹、蒲云纹、乳丁云纹，更加适合，都是云气的表现形式。

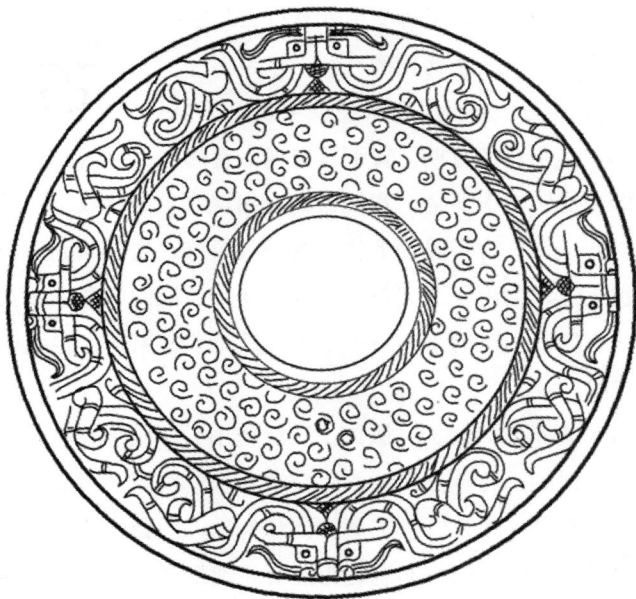

图 4-4 夔龙纹玉璧 战国
上海青浦福泉山遗址出土

　　战国玉器上见不到单独的蒲格纹，多数玉器是在蒲格纹的基础上加工出谷纹；上海博物馆藏有战国夔龙纹玉璧（图 4-4），1983 年上海青浦福泉山遗址出土，外层装饰蟠螭纹饰，内层以谷纹为主要纹饰。先做蒲纹格，再加工成谷纹。谷纹出现于战国后期，经过秦到西汉，西汉后期消失；这一时期，社会经济衰落，玉器制作走向衰落，玉器加工工序简化，谷纹的加工回到了蒲格纹的状态，出现六边形颗粒，不再用线条弯出小芽，到东汉，谷纹完全消失，出现乳丁云纹。

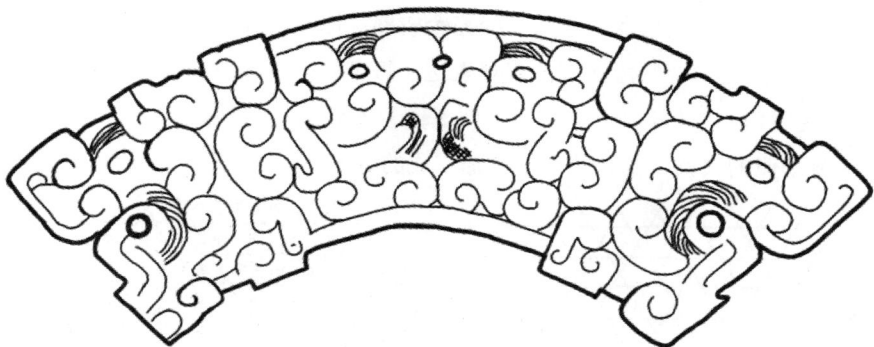

图 4-5 青玉蟠虺纹玉璜 战国
河南淮阳平粮台楚墓出土

春秋战国时，云气纹开始变化，用繁复的卷曲勾勒，有主线条和辅助卷曲线条；到了战国，辅助卷曲线条消失。1951 年河南辉县赵固村出土的夔龙形玉佩，两端是夔龙纹，身体部分以勾连云纹或三角勾连云纹装饰，这一纹饰在战国时期很流行。1986 年陕西省凤翔县南指挥村秦公一号墓出土的蟠虺纹玉璜，河南省固始侯古堆春秋晚期楚墓 M1 的玉珩，河南淮阳平粮台楚墓出土的青玉蟠虺纹玉璜（图 4-5），都是以这种线条的勾连形式来表现云气的变化，在陕西宝鸡、河北平山、山西长治等地的东周时期墓葬中也均有出土。

战国中后期，随着玉器加工工艺的提高，玉器的纹饰也发生了变化，出现了谷云纹纹饰。谷云纹的出现，是云纹最典型的形式。

玉器加工工序，大致是先切料，再画样打坯，粗加工和精细雕刻，最后抛光，其中，粗加工和精细加工都由同一个人完成，单人单一器型，加工时间较长。为了提高产量，玉器加工开始分工合作，不同的工匠负责不同的工序，由画工画样，画出格子，小工把画出的格子线打磨掉，形成凹陷线条（图 4-6-1），打磨出蒲格纹，再由玉器师傅把蒲格加工成谷云纹（图 4-6-2，图 4-6-3），这样分工合作，提高了产量，这是工艺上的革新；在湖北九连墩 1

号墓地出土的战国中晚期玉璧（图 4-6-4）的纹饰上，已经采用了先加工蒲格纹再琢磨谷云纹的做法。这一时期，经过蒲格加工成的谷云纹不很饱满。

　　战国末期，蒲格雕琢技法已经完全成熟；原本勾连的线条都被谷云纹替代，谷云纹是单个气流涡旋的直观表达，每个谷云纹代表一个气流涡旋；湖北江陵望山 2 号墓出土的战国中期玉璧、安徽省长丰县战国末期的杨公墓M8 龙形佩的纹饰，都是蒲格工艺加工成的谷云纹。

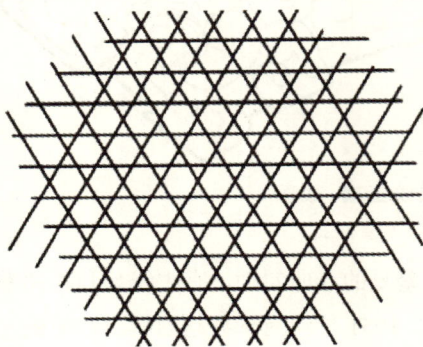

1 蒲格纹

2 蒲格纹框内的谷云纹

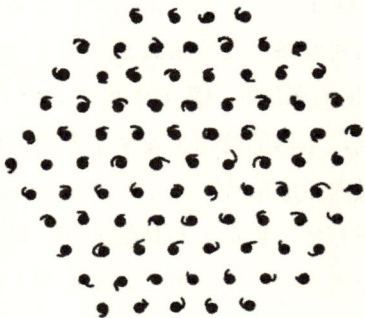

3 战国后期的谷云纹

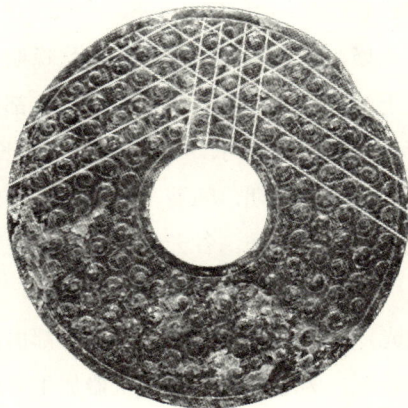

4 玉璧　战国中晚期　湖北九连墩 1 号墓出土

图 4-6 蒲格加工技法　战国中后期

　　西汉时期，出土的玉璧大都是以谷云纹为主要装饰风格，蒲格纹加工成的谷云纹，占了主导地位，雕刻出的涡旋颗粒比较饱满，在江苏徐州狮子山楚王陵，河北满城汉墓，以及广州南越王墓等地都有大量出土，是西汉时期玉璧的主要纹饰。

　　蒲格技法从战国末期一直沿用到东汉时期，把蒲格纹修圆了，形成乳丁云纹；乳丁云纹是东汉特有的纹饰。

　　就战汉玉器的纹饰而言，蒲格加工出来的谷云纹玉器大多出现在战国中晚期以后，不使用蒲格加工的纹饰大多出现在战国中期前，这是比较直观的断代方法。战国末期以后，谷云纹、蒲云纹、乳丁云纹都采用蒲格加工，尤其是西汉时期的谷云纹出土最多。

　　在出现蒲格纹加工技法的同时，战国末期至西汉中前期，在蒲格加工技法的基础上，玉器纹饰也有创新，出现"田"字格，以加工勾连云纹，以勾连的形式表现原先繁复的云气纹。"田"字格加工的勾连云纹都比较精美，具有"游丝毛雕"的美名，可见这一技法的精湛。

图 4-7 勾连云纹和卡门涡街

1 勾连云纹　　　　　　2 卡门涡街　　　　　　3 卷云纹玉饰

安徽长丰杨公 2 号墓出土

　　说起勾连云纹（图 4-7-1），联想到流体力学中的"卡门涡街"（图 4-7-2），"卡门涡街"指流体绕过物体时物体两侧会周期性地脱落出旋转方向相反、排列规则的双列线涡。这种流体绕过物体产生出的涡旋形式，和战汉时期的

"勾连云纹"很类似。

战汉时期，人们就发现了涡流现象，观察香薰的烟气变化可以发现，运动物体经过袅袅青烟时，带动烟气形成涡旋，云气也是如此。谷云纹表现为散乱的涡流，勾连云纹表现的则是有秩序的双列排列。

勾连云纹从出现到消亡，时间很短暂，从战国末期至西汉中期，很具有时代特征，是战汉玉器中的典型纹饰。勾连云纹最初以平面线条勾连为主，没有颗粒，安徽长丰杨公 2 号墓出土的战国卷云纹玉器（图 4-7-3）、河南泌阳官庄墓出土的早期秦代勾连云纹玉带钩（图 4-8）上的勾连云纹都是平面线条勾连。广州南越王墓出土的双凤出廓螭纹璧上的勾连云纹是典型的颗粒突起勾连，是减地浅浮雕，这种形式的勾连云纹最为精美。到了西汉后期，这一纹饰就消失了。

图 4-8 云纹带钩 秦

河南泌阳官庄墓出土

西汉末期至东汉时期，玉器需求量大增，工匠只能缩短玉器加工周期，尽量扩大生产，蒲格纹加工好后不再加工成卷曲的谷云纹，就直接流向市场。使用蒲格纹装饰的玉器，大多是这一时期的产物。

到了东汉，蒲格纹是半成品，工匠把蒲格纹修圆，加工成乳丁云纹（图 4-9），乳丁云纹其实是谷云纹的变形体，东汉时期的玉璧以乳丁云纹为主要装饰风格。

蒲纹和谷纹是一种纹饰的两种形态——半成品与成品，谷纹玉璧出现在战国中后期，蒲纹玉璧的实际出土却在西汉和东汉，济南市长清区归德镇双乳山济北王墓葬出土了西汉凤鸟蒲纹玉璧，玉璧上装饰双层纹饰，外圈装饰凤鸟，内圈为蒲纹，这是明确以蒲纹形式出现的玉璧，墓主是诸侯王，出现蒲纹玉璧陪葬，济北王的丧葬规格可能被朝廷贬低。湖南省长沙市桐荫里 1 号墓出土的东汉玉璧，整体饰以蒲纹。蒲纹玉璧，东汉出土相对比较多。

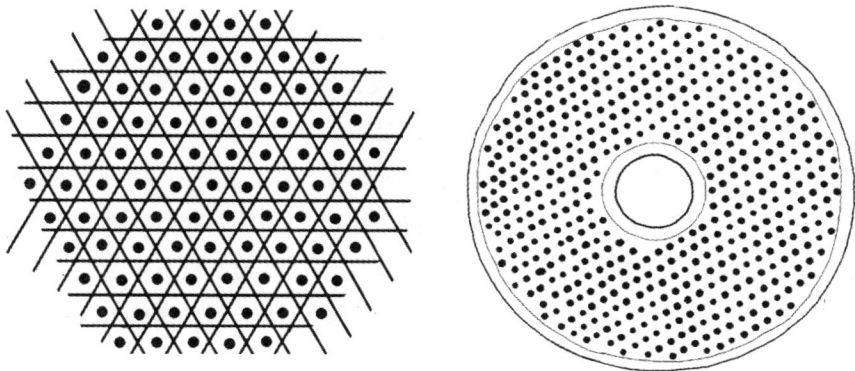

图 4-9 乳丁纹

云纹的演变过程很漫长，各种变形纹饰带有鲜明的时代特征。商代妇好墓的玉器用卷曲纹来表示云纹；到两周，用繁复的勾连线条表示云纹；从战国至西汉，勾连卷曲线条变成涡旋状谷云纹，和颗粒状勾连，两汉之际云纹从涡旋状谷云纹回到六边形的蒲格云纹；到了东汉，云纹又从六边形的蒲格云纹变成圆点颗粒状的乳丁云纹，云纹以不同的形式走过了不同的历史时期。

纹饰的发展和审美，是人文思想的表现，云纹的出现和发展，是古人渴求长生不老，慕仙求仙的思想表现，和道家文化相关联，从战国时期到汉代云纹的发展，是和道家思想观念的产生和传播密不可分的；各种生活器物的纹饰，多饰以云纹，云纹的装饰风格，正是仙家思想蔓延的表现。

云纹要表达的是仙家思想的存在，和道家求仙得道的思想分不开。陕西西安市西关南小巷一处西汉窖藏中出土了青铜羽人，身披羽翼，四川新津出土的画像石上有"羽人六博"，羽人的形象很多，羽人和当时道家仙人的形象密切相关，羽人的形象一直延续到东汉。

汉八刀和蒲格纹

"汉八刀"是一种美称，赞美汉代琢玉技法精湛，明代谢堃著有《金玉琐碎》，提及"只用八刀便刻成一个翁仲"，翁仲为汉代器物，这是"汉八刀"一词的来历。汉八刀是明代人归纳出来的汉代琢玉技法，形容汉代琢玉技艺的高超，而非真的只用八刀雕琢，崇尚的是古朴简练，"汉八刀"风格，从西汉的玉握猪开始，延伸到玉蝉，再到东汉时的玉翁仲，都是简单的形态雕琢。

也有人认为，"汉八刀"其实是"琀背刀"，"琀"是人死后放在嘴里的玉器，一般指玉蝉，玉蝉的蝉翼是"八"字型的，"汉八刀"指玉蝉背上的八字刀法。有人推而广之，凡局部有涉"八"字型的汉代玉器，诸如玉握猪，玉翁仲，都称为了"汉八刀"。

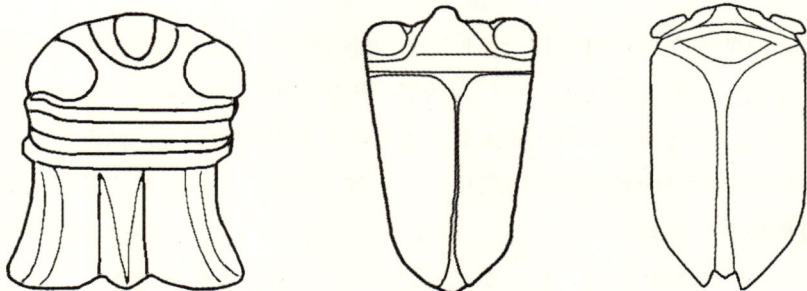

图 4-10 玉 蝉

1 石家河文化	2 商周时期	3 西汉
湖北省天门市	山东省滕州市	河南省永城
石河镇肖家屋脊出土	前掌大遗址 4 号墓	芒山镇保安山出土

不管来历为何，汉八刀的刀法都是比较简练，雕琢只用八刀而器物神态逼真，这有相当大的难度。以绘画来比喻，即笔法简练，神态十足，也就是简笔画法，只用寥寥几笔刻画物体的主要神态。在玉石加工上，即为简练雕法，用砣刀打磨，简单几刀，就刻画出器物的神态，形成特有的神韵。汉八

刀是汉代特有的加工技法，多出现在玉蝉、玉握猪、玉翁仲等丧葬玉器上。

　　玉器的加工技法有延续性，纹饰也有延续性，汉八刀的产生和发展是工艺简化过程出现的器物。蝉形玉器出现的时间很早，4000 多年前的石家河文化就有蝉形玉器，湖北省天门市石河镇肖家屋脊出土的玉蝉（图 4-10-1），头部、身体和翅翼的线条都已经非常清晰。到了商周，玉蝉的形象更加具体，山东省滕州市前掌大遗址 4 号墓出土商代玉蝉（图 4-10-2），纹饰比较简单，用刀简练，形态逼真，已经具备了"汉八刀"的特点。西汉时的玉蝉，刀法发生两极分化。江苏省铜山县出土的西汉玉蝉，纹饰复杂，翅翼上带有脉络纹饰，极具写实风格，玉蝉的形态发展到完美的细节写实阶段。另一种风格的玉蝉，纹饰开始简化，河南永城芒山镇保安山出土的西汉玉蝉（图 4-10-3）和扬州邗江甘泉姚庄 102 号西汉墓出土的玉蝉就是这一类型，刀法简练，神态逼真，典型的简练雕刻技法，是汉八刀的滥觞。

　　口琀是中国古代丧葬的习俗，人死后要含口，在死人嘴里放入金银珠宝，再穷的人家也要放铜钱、米粒。《礼记·杂记下》："凿巾以饭。"《后汉书·礼仪志》："登遐，饭含珠玉如礼。"口琀是重要的仪式，主要跟鬼神有关，口琀是让死者顺利渡过冥河用的船钱。河南洛阳中州路 816 号西周早期墓葬中就出土过口琀玉蝉，是最早见到的口琀玉蝉。汉人既重玉又重蝉，他们认为玉有辟邪、驱鬼神的功用，用玉陪葬，能使尸身不腐，所以大量用玉器陪葬。汉人重蝉，《史记·屈原贾生列传》"蝉蜕于浊秽，以浮游尘埃之外"，认为蝉生性高洁，蝉蜕也有脱身转世的意思。因此，玉蝉就成为汉代主要的口琀。使用玉蝉作为口琀的习俗，一直持续到魏晋南北朝。

　　汉代，玉蝉主要作为随葬品，其加工制作保留了商周时期的器型和形态特点，其纹饰和加工技艺延续前朝。出土的西汉时期玉蝉很多，1974 年江苏省盱眙县东阳七号墓出土的羊脂白玉玉蝉，江苏省扬州市东风砖瓦厂汉墓出土的西汉玉蝉都具有汉八刀特征。

　　东汉时期，人们对随葬品的需求增大，工匠加工的压力增大，工艺精湛的玉工摸索制作出简易造型的玉器来满足丧葬需求；这一潮流从普通百姓的丧葬殓玉开始，随葬玉器的数量和质量相差甚大，有些汉代墓葬甚至以石代玉，出现滑石玉握，河北省定县 43 号汉墓出土了两件滑石猪，甘肃省酒泉县下河清汉墓 M17 出土了两件滑石猪。西汉时的简单雕刻技法，到东汉玉器器物上已成为常见，这种加工方法渐渐成熟起来，形成丧葬用玉的规制，玉翁仲就是这一时期的产物，作辟邪用，这种简单加工的玉器，民间用得较多。

　　玉翁仲主要是用来辟邪，考古出土很少，传世很多。1980 年江苏扬州邗江甘泉双山 2 号东汉广陵王刘荆墓（图 4-11-4）、1956 年西安市南郊沙坡东汉墓都出土过玉翁仲。玉翁仲体形很小，只有一两公分大小，大多用玉器加工剩下的边料制成，加工中省略了很多工序，上海博物馆藏的玉翁仲连面相都没有。目前见到的翁仲，大都类似小孩的玩偶。

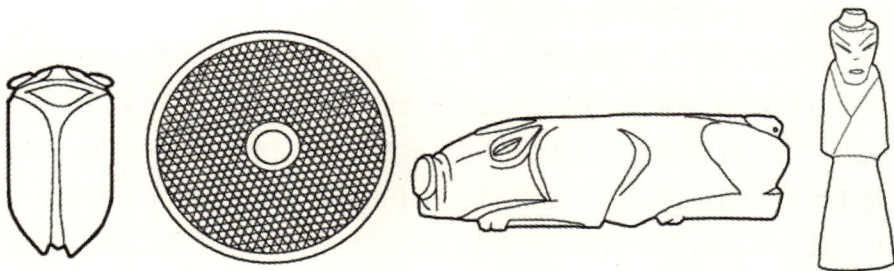

图 4-11　汉八刀和蒲格纹

1 蝉　西汉	2 蒲纹玉璧　东汉	3 玉握猪　东汉	4 玉翁仲　东汉
河南永城芒山镇	湖南省长沙市	西安市北郊	扬州邗江区甘泉镇
保安山出土	桐荫里 1 号墓	红庙坡汉墓	双山村 2 号墓

　　《明一统志》载称，翁仲姓阮，秦时安南人，身长一丈三尺，气质端勇，异于常人。始皇并天下，始皇看他身材高大，武艺高强，派他守卫临洮，威震匈奴。翁仲死后，铸铜为其像。还有人说，翁仲原本是指匈奴的祭天神像，秦汉进入中原，做成立人石像，"稼间石人曰翁仲"。唐《史记索隐》云："各重千石，坐高二丈，号曰翁仲。"

西汉时期，组佩中的玉人大多头顶穿孔悬挂，玉翁仲却多从腰部穿孔，穿孔简便，只是佩带起来不好看。

1 青玉猪　西周晚期
三门峡市上岭村虢国墓地出土

2 玉猪　西汉
陕西长安茅坡出土

3 玉猪　西汉
西安市南郊三厅口西汉墓

4 玉握猪　东汉
西安市北郊红庙坡汉墓葬出土

图 4-12　玉 猪

玉翁仲出现于东汉时期，原形应该是四川省灌县都江堰的李冰石像，《华阳国志·蜀志》载：李冰"于玉石房下白沙邮作三石人，立三水中，与江神要，水竭不至脚，盛不没肩"。1974 年发现的李冰石像高 290 厘米，形貌雍容大度，两袖和衣襟上，有浅刻隶书题记三行，中行为"故蜀郡李府君讳冰"，左袖为 "东汉建宁元年闰月申朔二十五日都水掾"，右袖为"尹龙长陈壹造三神石人治水万世焉"。 李冰在秦昭王时为蜀郡守，治理岷江，修建都江堰；后人用李冰的石像震慑水患。玉翁仲的造型，是微型的李冰像，也有震慑妖邪的作用。东汉采用玉翁仲陪葬，只用简单的几笔线条来表示人形，大多使用边角料，和玉蝉、玉猪不能相比。

商周时期，陪葬器物中有各种家禽和动物，猪表示财富和富裕的象征；1981 年湖南省湘潭县九华乡船形山出土了商代豕形铜尊，这是猪造型的早期代表。到了西周，玉猪延续了商代铜尊的外形，纹饰比较简略，陕西长安县张家坡村 390 号墓出土的西周玉猪、三门峡市上岭村虢国墓地出土的西周玉猪（图 4-12-1）以素面出现，线条简略，这种简约风格尤胜汉八刀。汉代，猪更是财富的象征，汉阳陵出土了大量的陶塑动物，有马、牛、羊、狗、猪、鸡等，在这些家畜中，猪最有普遍性，用陶土做成的猪，全国各地都有出土，用玉石做成的猪更是财富的体现，两汉出现各种形态的玉猪，陕西长安茅坡出土的西汉玉猪（图 4-12-2），带獠牙，长猪鼻，背部弧形带鬃毛，这是野猪的特征，延续了湘潭九华乡船形山商代豕形铜尊野公猪的形态，玉握的特点还未形成。

西安市南郊三厅口西汉墓出土了一对汉代玉奔猪（图 4-12-3），写实风格，体形肥胖圆润，造型小巧可爱，把猪的憨态特点刻画得惟妙惟肖，是典型的家猪，从野猪转变成家猪，这一类玉猪，并不手握，还是用于摆放。商周的丧葬习俗中，家人不忍心让死者空着手离开，于是出现玉握，到了西汉，猪成为玉握的题材，玉握猪的加工采用简练的雕刻技法，用于手握陪葬。

山东巨野红土山墓葬出土的玉握猪已经发生变化，一对小巧的猪耳，体型变细，脑袋变大，这是汉八刀风格的开始，这种简约的风格，从西汉一直延续到六朝。

山东巨野红土山墓葬出土过西汉玉蝉和玉握猪，握猪上使用汉八刀，玉蝉却不是汉八刀的，蝉翼带脉络纹饰，从简约风格看，用汉八刀工艺来加工握猪的时间要早于玉蝉。

用汉八刀工艺雕琢的玉猪很多，从西汉到六朝，时间也很长，陕西省西安市北郊红旗机械厂基建工地出土的玉猪、山西省太原市尖草坪出土的西汉玉猪、陕西省华阴县油巷新村大司徒刘崎墓中出土的东汉玉猪、西安市北郊红庙坡汉墓出土的东汉玉猪（图 4-12-4）、山西省夏县王村东汉墓葬出土的玉握猪，安徽省当涂县出土的六朝玉猪，猪身细长，刀法简练，这些握型玉猪都具有汉八刀的典型特点。

西汉中后期，玉璧加工也使用汉八刀这一简约技法，用蒲格纹加工的谷云纹玉璧开始简化，这一时期的蒲格玉璧简化了工序，是汉八刀风格的延伸。

玉器工艺和纹饰的简化和西汉后期的社会动荡有关；汉代，厚葬成风，"祭尽诚，事死者，如事生"，丧葬玉器的需求大增，迫使制作工艺简化；制作一件精美玉器，需要一年甚至更长的时间，在社会需求日渐增加的情况下，只有改进工艺才能满足社会的需求。

西汉前期，玉璧的纹饰延续战国末期谷云纹的工艺，在平面上先有规律等间隔地琢磨出直线，再以60°转向同样等间隔地琢出直线，再转60°同样等间隔地琢出直线，便得到六边形颗粒，这种六边形颗粒就叫蒲纹，犹如古人席地而坐的蒲团纹样，再加工蒲纹的六边形，形成谷云纹，留出一条小尾巴，形成涡旋（图4-13），这种加工工艺比较复杂；把蒲纹修圆了，就是乳丁云纹，所以，蒲纹工艺是谷云纹工艺的简化过程。

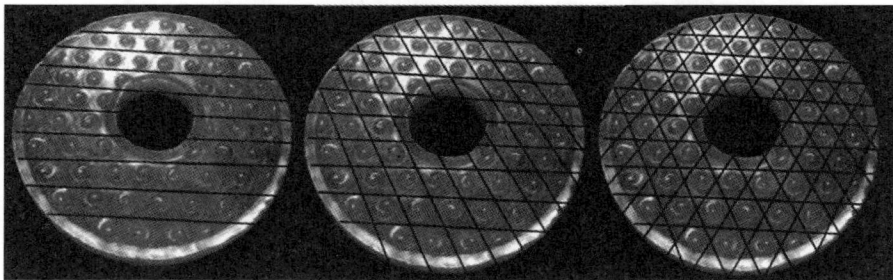

图 4-13 蒲纹加工技法

两汉时没有汉八刀的名称，为了加快制作工序，就出现了简化工序，甚至偷工减料的情况。明人推崇汉玉，不管是工艺、纹饰，都很推崇；所以把做工简单，外形却能抓住器物神态特征的工艺技术称为"汉八刀"。司南、刚卯、珠挡等都可以用汉八刀工艺来制作。

汉代玉器上的云气纹

　　云气纹仿自云气翻腾，起伏卷曲如行云状，故得名；云气纹是商周时期青铜器上的主要纹饰。云气变化多端，所以云气纹也样式繁多，有勾连、涡旋、云雷、回形等。战国时期，云气纹是传统的装饰纹样，在汉代用于装饰织锦、漆器，黑底朱绘云气纹是漆器上典型的装饰。

图 4-14 玉辅首

西汉　广州南越王墓出土

　　云气纹的出现早于春秋战国，到战国后期臻于完善，漆器、织锦上的云气纹非常成熟。战国以前的云气纹非常抽象，线条繁复，来回游走，花团锦簇，淅川下寺楚国墓出土的玉辅首（图 4-2-1），云纹和龙纹缠杂在一起。复杂的云纹艺术性较强，但加工费事。战国后期，云气纹发生变化，熟练的玉器匠师简化了加工过程，创造出蒲格纹，工艺简单又能适度表现。蒲格纹里的六角形加工成云纹，就得到涡云纹，但质感不如云气纹。为了更好地表现云气纹，立体件上继承了战国云气纹的风格，用 S 形浅浮雕的形式来表现云气纹，得到较为生动的效果。片件上，用镂空技法来表现云气的涡卷，镂空部位进行处理，在器形上形成虚实相间的云气纹，相互衬托。这种艺术化的镂空云气纹在战国就已经出现，在西汉时期达到完美。以广州南越王墓出土的西汉时期玉辅首为例（图 4-14），镂空部位以纯黑色填充，在审美上形成黑白相衬的效果，镂空出的黑色纹样，形成黑色粗线条的云气效果，和玉器材料的白色形成对比，白色和黑色相互衬托，形成虚实相间的效果。

　　玉器上出现镂空部位卷曲，形成镂空云气纹。从美学来说，中国绘画深受道家的影响，讲究虚实相生、虚实互化，虚实变化的审美观，玉器加工和绘画同理，战汉玉器纹饰加工中采用虚实相生的技法，体现了道家思想。

　　玉器上很难表现云气纹饰，琢磨难度很高，只有在虚实之间幻化，才能完美表现构思。从广州南越王墓出土的玉辅首（图 4-14）还原图看，玉器镂空前的线条必须进行艺术处理，镂空图样形成虚构的云气纹。画图样的时候，器物的线条都要经过艺术加工，雕琢完成后再整体来看，先看器型，再看镂空，镂空出的云气纹和器物相互映衬。这种工艺，从整体上去感觉，这是西汉玉器雕琢工艺虚实相间最完美的呈现。

　　玉石加工受工具的影响较大，玉料的硬度越大，玉器就显得质朴；硬度下降，工具有了施展空间，技法和艺术效果也就繁复起来，更趋艺术性。

螭纹形态的变化

汉人描绘螭纹的文字很多：

《说文》："螭，若龙而黄，北方谓之地蝼，从虫，离声，或无角曰螭。"

《汉书·司马相如传》："蛟龙、赤螭。"

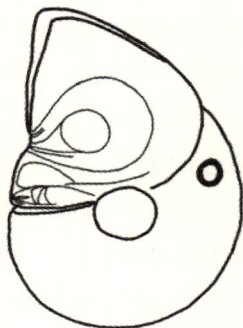

1 红山文化玉猪龙

辽宁建平出土

2 商代龙形玉佩

河南安阳花园庄 54 号墓出土

3 商代龙形玉佩

河南安阳殷墟妇好墓出土

4 商代圆雕龙形玉玦

河南安阳殷墟妇好墓出土

图 4-15 红山玉猪龙到商代虎形纹饰的演变

螭纹，是动物变形纹饰，似龙非龙，似虎非虎；螭纹的生成和变化是龙纹演变的过程。

螭纹的出现和演变经历了漫长的过程。螭纹原是兽首，蛇身，最早出现在红山玉器上，辽宁建平出土的玉猪龙（图 4-15-1），猪首蛇身，猪龙造型一直沿用到商代，纹饰更加丰富，形态更趋向于虎。河南安阳花园庄商代晚期 54 号墓出土的猪龙玉佩（图 4-15-2），是玉猪龙的变化形态。商代有许多虎形纹饰玉器，红山玉器上的猪龙造型逐渐演变成老虎造型；猪龙的形态从花园庄 54 号墓的龙形玉佩（图 4-15-2）演变成殷墟妇好墓出土的虎形玉佩（图 4-15-3），虎形玉佩（图 4-15-3）又演化成虎形玉玦（图 4-15-4），形成老虎造型的具体形态。

图 4-16 玉 虎

商周时期　上海博物馆藏

商代的纹饰，是对自然认识的反映，商代纹饰继承自红山文化，从玉猪龙演变成了老虎纹饰（图 4-16）；在自然界中，鸟、虎、鱼三种纹饰对应自然界的天、地、水；三界中，老虎最凶猛，而老虎纹饰的出现是龙纹演变过程中的一个环节。

两周的玉器加工工艺继承了商代的纹饰，出现了各种虎形玉器，有玉虎，虎形玉璜和琥符；东周时期，受到巫神文化的影响，这时的玉虎纹饰带有诡秘的色彩，在老虎的纹饰中融入了蛇的形态，也融入了鸟的纹饰；蛇身和虎首结合，发展出夔龙、螭龙、螭虎三种纹饰。这三种螭纹出现在河北省平山县南七汲村出土的战国时期中山国龙纹玉板（图4-17）上，形态各异。战国后期，玉虎纹饰已经演变成螭纹；蛇身纹饰演变成螭虎纹饰，类似壁虎，头上无角；蛇的扭曲形态演化成夔龙，双身共首；玉器上有很多夔龙纹饰，夔龙纹玉璧居多，战国青铜镜上也有很多变形夔龙纹；螭纹以正面和侧面纹饰出现。

图 4-17 龙纹玉板　战国中期
河北省南七汲村中山国 3 号墓出土

《山海经》里记载了许多上古时候的神灵、神兽，还记载了许多奇闻异事。《大荒经》载："东海中有流波山，入海七千里。其上有兽，状如牛，苍身而无角，一足，出入水则必风雨，其光如日月，其声如雷，其名曰夔。"双身夔龙纹饰，大多出现在战国时期，西汉时消失。

战国玉器上的螭纹，纹饰非常多，一般刻画两足，或虎足，或鸟足；头部有虎形，有蛇形；身体带鳞片，有的以云气纹饰装饰，或蛇形，或虎形。

螭纹是一种类蛇，类鸟，类虎的动物纹饰组合体，也是天、地、水自然界生物代表纹饰的融合。

图 4-18　战国中期部分螭龙纹头部纹饰

河北省平山县南七汲村出土

　　战国时期，夔龙、螭龙、螭虎这三种纹饰没有固定的形态，相互参照，相互影响；螭纹头部有雕刻鬃毛的，也有雕刻双角的，同时期青铜器上的螭纹头部纹饰，有螭纹头部带角，也有头上没有角的，这个角的纹饰，是受到了商代牛头上牛角纹饰的影响；螭纹是战汉玉器中出现最多的纹饰，在汉人看来，螭龙和螭虎都代表龙形神兽。螭纹有正面和侧面两个形态，正面似蟾蜍，侧面似虎头蛇身。

　　玉器平面片件上的螭龙，大多是侧面形态，战国后期的螭纹纹饰特征，平口，直耳，或弯曲切平，大鼻子，小方眼，头部没有鬃毛，不露牙齿，这一时期的螭纹（图 4-19）憨态，儒雅。

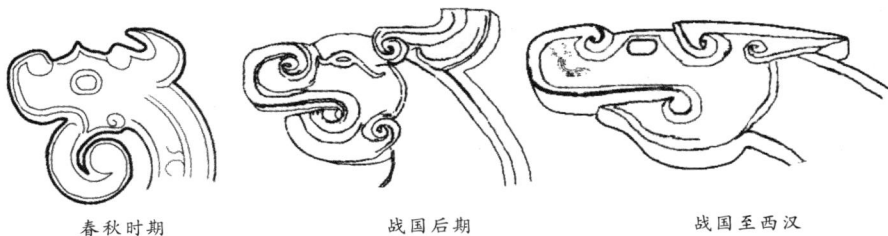

春秋时期　　　　　　战国后期　　　　　　战国至西汉

图 4-19　东周时期　侧面螭纹头部

西汉前期，螭纹继承了战国时期的儒雅、文静；到了西汉中后期，人心浮动，审美观发生改变，喜欢斗狠的兽形，玉器加工的审美观也热衷于表现搏斗中的螭纹，螭纹嘴唇上蜷，露出上下牙齿，面相凶狠（图 4-20）。上唇翘起替代了战国时期鼻子上的卷云纹，眼睛前出现眉骨突角，带有春秋时期玉器上螭纹的眉角特征；头部出现鬃毛，螭形穿梭在云层中，带起云气涡旋。螭纹以云气纹衬托围绕，出现各种勾卷，以表现云气的变化，整个西汉中后期，螭纹都以凶猛搏斗为主。西汉初年的政策是与民养息，所以螭的面相仁和、儒雅，中期以后，逐渐改变，表现出权贵的威严和气势，到后期就出现了争勇斗狠的心态了。

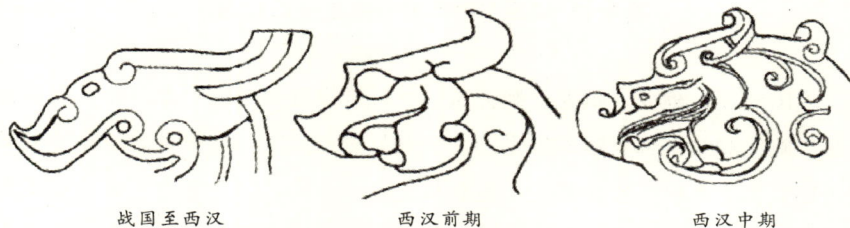

战国至西汉　　　　西汉前期　　　　西汉中期

图 4-20 西汉时期　侧面螭纹头部

战汉时期，片件平面玉器上多见"S"形螭纹；工具革新，工艺进步后，雕刻手法趋于成熟；纹饰也得到发展，出现浮雕螭虎纹饰，爬行在器物上。

浅浮雕螭纹发展起来，浮雕造型的螭纹，有助于螭纹的区分，主要是以片状雕刻来表现螭纹的侧面和浮雕形式表现螭纹的正面形态。到了西汉，爬行的螭虎纹饰以虎为原形，模仿壁虎和蝾螈类动物的爬行神态，头部出现耳朵，鳞片消失，替代以鬃毛或云气纹饰。从蛇形发展出来的正面螭纹，在西汉时演化成四神纹饰中的白虎造型。

在认识自然的过程中，对自然的认识逐渐加深，人们不再畏惧水中生物，玉器螭纹上的鳞片纹饰逐渐消失，不再描画蛇身；螭龙与螭虎纹饰逐渐发展，相互影响，发展出青龙与白虎。汉武帝茂陵出土了四神纹玉铺首，器物上的青龙与白虎稍有不同；这两种螭纹形态非常相似，只是一个是以正面形态出现，而另一个则是以侧面形态出现。螭纹似虎非虎，神态看似壁虎，飞檐走壁，游走于各种浮雕器物之上。

图 4-21 龙纹玉佩 西汉
河南永城市芒山镇僖山汉墓

四神纹饰中，白虎与青龙分别以正面形态的螭纹和侧面形态的螭纹出现，内蒙古自治区准格尔旗西沟畔墓葬出土的一对金玉耳坠（西汉—匈奴），两只螭纹也是以正面和侧面形态雕刻，河南省永城市芒山镇僖山汉墓出土的龙纹玉佩（图 4-21）也是以正面和侧面造型出现，龙纹是从侧面螭纹发展出来的，侧面造型的螭纹已经具备龙纹的一些基本特征；单眼，张嘴露牙。

西汉前期玉器上的正面浮雕螭纹相对悠闲，"胜似闲庭信步"，螭纹纹理相顺，螭纹朝向相同；西汉中期玉器上的螭虎有争斗之意，螭虎纹理相对，出现搏斗的场面（图 4-22）。这种纹饰造型继续发展，出现一大一小两条螭纹的搏斗，有形容其为苍龙教子，在雕刻艺术上来说，是以静态的雕刻展现动态的内容，艺术表现力增强。

西汉后期，社会动荡，百姓流离失所，生活水平急剧下降，对玉器的需求减少，玉器纹饰趋于简单，以缩短加工周期。螭纹搏斗场面减少，纹饰出现简约化，螭虎藏进云堆中，以露头露尾的形式来表示螭虎穿云，搏斗，多云气翻腾的纹饰，通过激发观赏者的想象力来丰富作品的内涵。这一时期，简约形式的汉八刀玉器开始盛行。

图 4-22 两螭相峙 个人收藏

浮雕螭纹尾部线条的变化可参考图片（图 4-23）中的三件玉剑璏，这三件玉器是同一器型，同一题材，同一种表现形式，纹饰不同而已，重点在于螭纹尾部的线条不同；西汉中期的螭虎，大都是单尾造型（也有双尾造型的动物纹，1975 年湖南省长沙市咸家湖曹娟墓出土玉长方形龙马纹饰，双尾纹饰）；在螭尾演变的过程中，为表现云气的变化，勾勒螭尾穿云形态时会加一道云气纹饰（图 4-24）；西汉中期开始，螭纹的后尾纹饰变化，多了一个卷尾纹，出现双尾螭纹。

图 4-23 玉剑璏

1 西汉中期	2 西汉后期	3 东汉
山东巨野红土山汉墓	湖南长沙五一路七号汉墓	江西南昌唐山乡七里村汉墓

东汉的螭纹继续延用双卷尾。对比发现，西汉中期的螭纹（图 4-23-1），

螭纹在云气上行走，后腿踩云气纹，到了后期，云气纹被简化，直接和螭尾相连，变成卷尾纹（图4-23-2）。单尾螭纹左后腿下面的云纹非常清晰，到了西汉后期，螭纹下面的云纹演变成卷尾纹。西汉中期到西汉末期，社会变化剧烈，社会动荡导致玉器加工追求简单化，云纹都省略了，这个简化是技艺退化的过程。

　　从螭纹尾部纹饰来进行断代，可遵循以下规律。西汉前期，螭虎还不搏斗，螭虎很少穿云，螭尾没有云纹。西汉中期，螭尾出现云纹，从山东巨野红土山汉墓出土的玉剑璏（图4-23-1）看，这一时期的螭尾都带云纹。西汉中后期，螭尾穿云纹完全变成双尾，从湖南长沙五一路七号汉墓出土的玉剑璏（图4-23-2）上可明显看出螭纹双尾的这种变化。

　　螭纹从单尾到双尾，这个变化改变了玉器的纹饰，也改变了审美观。

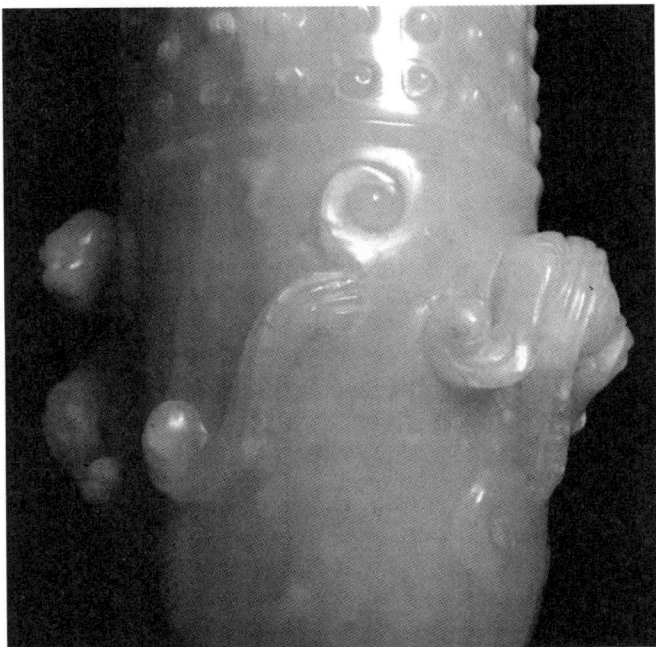

图4-24 螭虎穿云纹 个人收藏

螭纹卷尾纹的卷曲有不同方向，向上自然卷，或者向下自然向内里卷。

以螭首向左，蜷尾纹在右手边为例，大多为向上逆时针卷曲，或者向下卷曲，偶尔出现向上顺时针卷曲。强势的时候，大多向上扬起逆时针卷曲，弱势，败势的时候，向下顺时针卷曲，类似夹紧尾巴逃跑。所以，向下的卷曲大多出现在两螭搏斗的场景中。单个螭纹出现的时候，卷尾纹都是向上逆时针卷曲的，这是战汉玉器的特点，也是战汉玉器的审美倾向。西汉中前期，螭纹背上有翼状云纹；到西汉中后期，螭纹形态多变，头部有带鬃毛，有下颚带须的，形体多修长流畅，开始见穿云纹，体现爬行互搏等神态，颈部有力，或进或退；有的丰韵祥和，四足可见，也有隐现的，尾端类绞丝纹，绞丝尾用于表现老虎伸懒腰时尾巴卷曲上扬的势态，突出悠闲；螭纹的中脊柱以凹线条表示（没有向外突出的凸脊柱线条）。到了东汉，翼状云纹演变成了螭纹的羽翼。

图 4-25　东汉螭纹玉佩

1 衡阳市蒋家山 M4 出土　　　　　　　　2 上海博物馆藏

　　东汉的玉器，平面雕刻也好，浮雕也好，螭龙与螭虎合二为一，没有了侧面造型，变成螭纹。1954 年衡阳市蒋家山 M4 出土的东汉螭纹玉佩（图 4-25-1）和上海博物馆藏的东汉螭纹玉佩（图 4-25-2），螭纹都以正面形态出现；螭龙不再侧面雕刻，而以全身正面雕刻，表现出虎头蛇身的姿态，虎头，虎爪，四肢有力，身体或有变形纹饰，以蛇形躬身出现，身有鬃毛，螭纹下腹卷云纹变成勾卷鬃毛，背上的卷云纹演变成鸟的翅膀；陕西省咸阳市周陵乡新庄村出土的东汉"延年"出廓玉璧上的螭纹，带翅膀；圆雕出现后，螭虎变成辟邪兽，系立体圆雕辟邪兽。辟邪兽是螭纹的变形，其翅膀纹饰到唐代还在沿用，唐代陵墓前都有带翅膀的神兽。

螭吻，据古书记载："其二曰螭吻，性好望，今屋上兽头是也"， 龙头鱼尾，用于装饰屋顶两角。螭吻也被说成鸱吻，北宋吴处厚《青箱杂记》记载："海为鱼，虬尾似鸱，用以喷浪则降雨。"也有人说，鸟落于屋顶。西汉有陪葬原始瓷屋，屋顶两角装饰鱼纹，鱼身、鱼尾，这是早期鸱吻的形象，用鱼纹装饰屋顶两角，怕是防火镇宅之用，西汉时的螭吻是鱼形。螭纹与螭吻之间没有关联。

西汉玉舞人

行间普遍认为战国时就有玉舞蹈人，各种资料中也大量出现标注为战国时期的玉舞人，其断代都以民国时期金村出土的玉舞人为依据，其中以玉双舞蹈人最多，但考古发现中并无明确的可以确定为战国时期的玉舞蹈人。

现代考古出土了许多西汉时期的玉舞蹈人，东汉时期的玉舞蹈人比较少见，出土的西汉时期玉舞蹈人大多简陋、粗糙，制作技艺不成熟。从加工技艺和粗糙的纹饰看，玉舞蹈人的造型应该是西汉时期特有的玉器种类。

据《西京杂记》记载："高帝（汉高祖刘邦）戚夫人，善鼓瑟击筑。帝常拥夫人倚瑟而弦歌。夫人善为翘袖折腰之舞。歌出塞入塞望归之曲。侍妇数百皆习之。后宫齐首高唱，声彻云霄。"戚夫人能歌善舞，擅长"翘袖折腰之上，或在裙摆，水袖一上一下。在上面的水袖静止，在下面的水袖带起气流的涡旋，形成涡旋纹。图 4-27-1 玉舞蹈人身份不一般，腰间有玉璧和玉璜组佩，下悬珠缀，明显佩戴玉组佩，身戴玉组佩的玉舞蹈人，这是唯一的一件，广州出土的立体圆雕玉舞人身上没有任何佩饰。组佩舞蹈者身体明显倾斜，袖子的旋转力很大，衣袖旋转纹很多，上舞的袖子末端翘起，证明其控制水袖的能力很强，人物的形态和动作都很夸张，面相略带紧张，舞蹈动作幅度比较大，神态严肃。图 4-27-2 玉舞人，水袖纹路突出，人物微微曲膝，面带笑容。图 4-27-3 玉舞人、图 4-27-4 玉舞人，裙子高度不同，衣袖长度也不同，人物或宁静或面带笑容，动作婀娜，有妩媚之态。有意思的是图 4-27-5 玉舞人，雕刻手法很诙谐，腰带松垮，衣服略松，面带笑容。舞蹈者愉悦，以至衣服松散开，以表达欢快的舞蹈。后面三件玉舞蹈人的造型，考古中比较多见，是西汉时期玉舞人的典型特征。这五件玉舞蹈人都是片件，四件上下都穿孔，上挂下悬，主要用于组合佩挂。

图 4-27 玉舞人

1 广州南越王墓　　　　2 河北献县陵上寺汉墓　　　　3 西安市西郊三桥镇汉墓
4 北京大葆台 2 号汉墓　　　　5 河南永城市芒山镇僖山汉墓

在各地出土的玉舞人中，有些玉舞人雕刻粗糙，这意味着工艺还不成熟，雕刻人物的技术还没掌握，仅能用粗陋的线条表示，不成器型。从这个角度看，舞蹈造型是西汉时期出现的。战国诸侯争雄；秦朝律法严酷，生活艰辛；到了西汉时期，物质丰富，社会生活奢靡，戚夫人能歌善舞，带动了歌舞娱乐。玉舞人中，制作最精美的是广州南越王墓出土的立体圆雕玉舞人，可以看出南越国的玉器加工技术水平相当高超。

　　河南省永城县芒山镇保安山汉墓出土的玉舞人是两人组合，很粗糙，人物面对面，衣袖上下，没有头发；江苏铜山龟山汉墓出土的玉舞人，注重刻画衣裙的动态，造型偏重裙摆纹饰。玉舞人的形式不同，跟舞蹈动作有关，有表现衣袖的水袖舞，也有表现裙摆的舞蹈，根据人物和动作神态的不同以及舞蹈的主题不同；为了表现舞蹈的动态，通常会表现气流波动生产的涡旋。

　　东汉也有玉舞人，不过形态和做工都很难和西汉玉舞人相提并论，河北定县北陵头 43 号东汉墓出土的玉舞人线条雕刻的很粗糙，几乎不成型，头上出现帽子，不露出头发，这种造型的玉舞人，是西汉时期玉舞人造型的延续。

　　目前出土的玉舞人，主要集中在西汉时期，未见战国的玉舞人。

　　古时女子 15 岁举行笄礼，盘发为髻，头发要用帨巾包裹。出土的战汉女俑都带发髻，身份的尊卑也可从发髻上看出来，身份越高，发髻盘得越高。笄礼之前，女子都束发，头发一定要梳理过扎起来，不会以散乱的头发出现。

　　云南晋宁出土的青铜女俑，后背的发髻明显；河北满城出土的青铜鎏金长信宫灯持灯女俑，戴帽盘髻；西安任家坡出土的女陶俑，长发向后梳理，发梢扎一发髻；两汉时期，不管是何种身份的女俑，或长发，或戴帽，都扎发髻；陕西省西安市东郊窦氏墓出土的西汉戴冠玉舞人，从发式造型看，梳理过，挽发髻，戴帽子，头发松垂并不散落；广州南越王墓中的玉舞蹈人，身佩组佩，头发紧扎，只露出圆形头型；西安汉宣帝杜陵陵园被盗挖倒卖的玉联体双舞人，也是盘起来的发髻。

　　陕西西安阳陵出土的坐俑，头发八字分开，西安市西郊汉长安城遗址出土的彩绘包帨巾女俑，头发都包起来；1992 年萧家草场 26 号西汉墓出土木俑带发髻，1973 年长沙马王堆三号西汉墓出土木俑帨巾包头八字分的发式。

　　徐州驮篮山楚王墓的陶俑，头部八字分开，光滑平整，有帨巾包裹，和男子的平顶帽相似，类似现代回族戴的平顶帽，看不出额头的发痕，从乐俑看，也是帨巾包裹，似乎和广州出土的圆雕舞蹈人的发髻类似。陶俑发型各不相同，有团在一起的，有卷的，扎法很不同，不过，都梳发髻，或高，或低，或盘在头上，或垂在背上。

　　在上面的这些分析中，可以发现，目前出土的所有战汉女俑，不见两鬓散开的头发发型。

图 4-28 玉舞人

1 战国	2 东汉	3 西汉	4 战国
民国金村出土	上海博物馆藏	广州凤凰岗 M1 出土	民国金村出土

　　再来看金村出土的玉舞蹈人，美国弗利尔艺术博物馆藏玉双舞人（图4-28-1），头发整体向后梳理，露出高高的额头，两鬓露出散发，飘散开；上海博物馆藏东汉玉舞人（图 4-28-2），也是两鬓头发散开，不见帨巾，这种发型具有独特性和唯一性；参考 1983 年广州凤凰岗 M1 出土的一件编号为 23 的玉舞蹈人（图 4-28-3），这三件器物的发型基本相同。根据发型的独特性和唯一性可以判断，这三件作品应该为同一时期的作品；美国国立亚洲艺术博物馆藏的民国出土玉舞人（图 4-28-4），发型存在不同，作为民国出土是不能

作为战国依据的。

　　图 4-28-1 玉舞人和图 4-28-4 玉舞人都是民国金村出土，在图 4-28-3 玉舞人出土前，它们都被认为是战国玉舞人的代表。

　　图 4-28-3 玉舞人两鬓散发，头上插发簪，和金村玉双舞蹈人的发型纹饰几乎一模一样，但从前文的分析知道，其他出土器物上未见过这种发型，这种两鬓散发的发型非常特殊，具有唯一性。图 4-28-1 玉舞人、图 4-28-2 玉舞人、图 4-28-3 玉舞人发型，造型，衣服纹饰基本相似，三者出现在同一时期，这是唯一能解释其发型相同的原因。

　　图 4-28-4 玉舞人的发型稍有不同，但后脑的发髻纹饰类似图 4-28-3 玉舞人，衣袖纹饰不同，年代可能要更晚，属于西汉还是更晚的年代，需要考证。

　　比对衣服纹饰，民国金村玉双舞人的衣服纹饰和图 4-28-3 玉舞人的衣服纹饰有很多类似的地方，两者纹饰几乎相同，对比衣服纹饰和头发发型纹饰，将民国金村玉双舞人的年代断在战国是不成立的，从纹饰器型上判断玉双舞人的年代属于西汉，而实际判断还需要证实材质和沁色等方面。

　　由此可以得知，目前并无一件玉舞人能断代在战国时期，战国就有玉舞人的说法不可信。因此，可以证实《西京杂记》记述的正确性，"侍妇数百皆习之"，这之前，应该是无人能跳"翘袖折腰之舞"，"翘袖折腰之舞"为西汉戚夫人创作，有了长袖折腰的舞蹈，才有长袖折腰造型的玉器，两者相对应，至东汉以后，玉舞蹈人器型消失。

　　民国金村出土的玉舞蹈人，形式和种类颇为丰富，大多流散在世界各地的博物馆里，有些玉舞蹈人的发型类似图 4-28-3，衣袖纹样类似图 4-28-4，衣袖的式样很奇特。图 4-28-4 玉舞蹈人的衣袖末端类似云纹卷曲，衣带上出现细线条，从玉器加工来说，线条越细，年代越晚。再则，汉代盛行窄袖曲裾绕襟深衣，肩部宽大，手臂上举时肘部衣服必然有皱褶；图 4-28-4 中玉舞蹈人的衣服纹样明显有别于汉代的宽肩窄腰，手臂上举时肘部没有皱褶；下垂的手臂上，肩部纹样也不宽大，而是略窄。其服装样式上有明显的错误。

　　鉴别民国金村出土的这些玉舞蹈人的时候，不能单纯以头部发型来判断，还必须综合服饰纹样、人物面相和玉器材质等特点，进行综合判断。

　　从舞蹈特点和舞蹈动作来说，汉代的玉舞蹈人常以衣袖和服饰的飘动来渲染气氛，类似现代戏曲中的水袖，或许现代戏曲中的水袖正是来源于汉代的舞蹈动作。

第五章 古玉的沁色

　　古玉的沁色（图 5-1）千变万化，喜欢古玉必然会喜欢这些沁色，沁色是岁月沧桑的见证。

　　沁色的形成，由浸染或地沁形成，大多古玉的沁色应该是地沁。地沁，就是地热作用导致玉器材质变化，材质变化导致颜色变化。

图 5-1 玉杯 个人收藏

　　地沁主要分黑、栗、白三种颜色，玉石受热后，分子结构不稳定，玉石变黑，继续受热，由黑色到栗色，最后全部钙化变成白色，这一过程主要产生三种颜色。

　　白沁，虽然颜色比较简单，可名称繁复，有鱼肚白、鱼脑冻（图5-2）、鸡骨白、饭糁白（图5-3）等，大多是地沁。

　　浸染的沁色，是黑色和栗色，黑沁，由水银侵蚀，或者黑色漆木腐烂形成颜色侵蚀，一般顺玉石纹理走；栗沁，由棺木腐烂物的水体侵蚀造成；也有红、绿和其他颜色。红沁，多数为朱砂的覆着，也可能由菌体形成；绿沁；多数观点认为是青铜锈色侵蚀。

　　浸染形成的沁色，与玉石的特性有关。玉石是矿物，结构上有缝隙，带有颜色的微小染色颗粒进入就形成沁色，这种沁色，是外来物质进入改变了玉石的颜色。

　　玉石本身有天然沁色，受沁后，有些形成皮壳，有些风化，有些则成了玉的颜色；天然沁色和古玉的沁色不同，天然沁色形成于玉石加工前，古玉的沁色形成于器型加工后，这是区分玉器新老的标准。有些玉器带沁，是现代加工的，是玉石本身带沁，而后加工成仿古器物；古玉的沁色，是在玉石加工成器物后，被埋葬在地下，受地温、地形、地质、墓葬等影响形成的。

图 5-2　鱼脑冻

　　把玉器和染料放在一起，长时间烧煮，就能得到沁色。天然形成的沁色，需要很长时间；所以，明清时很少见带沁色的玉器。现代仿制玉器的沁色，用高温来缩短得到沁色的时间，同样也能做得很好，也可以用化学染色来得到沁色。有些会利用自然条件得到沁色，把玉器埋在地面浅表，经过整个夏天，也能得到沁色。种种仿制，目的是追求经济利益，并非崇尚古玉。

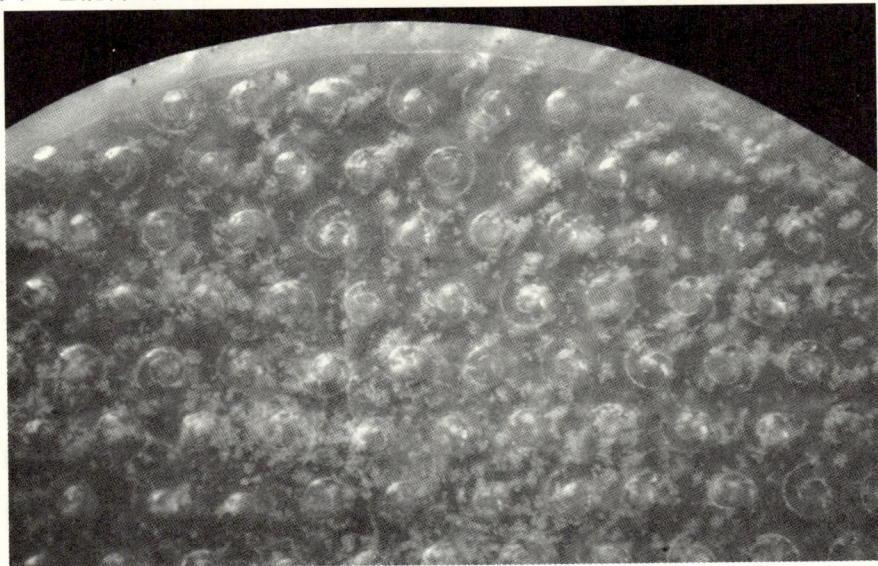

图 5-3 饭糁白

　　辨别沁色时，要懂得天然沁色形成的机制，才能分析沁色是否在合理的环境中形成。从颜色来区分，黑、白、栗色三色是常见的颜色，红色、绿色比较罕见，出土的器物上几乎未见过。红沁的形成，一般是由于墓葬中有朱砂，下葬的时候朱砂洒落在玉器上，在玉器表面形成颗粒状的红点，有些能看到朱砂重新在玉器表面结晶，因为朱砂不容易渗透进玉石缝隙；这里就不进行分析了。

　　黑、白、栗三种沁色，多见于墓葬中出土的玉器，主要原因是玉石器物的分子被破坏，分子结构发生改变而形成的颜色；在化学反应中，温度是决定性的因素，温度的高低，决定了化学反应的快慢。同理，在玉石沁色的形成过程中，温度也是关键，玉石中的分子受热，不稳定，产生破裂。时间和温度对应，温度越高，分子式越不稳定，需要的时间越短；温度越低，分子式越稳定，需要的时间越长。玉石分子改变的速度和程度，主要取决于温度高低和时间长短的关系。

把玉料切片，分成几片，在不同温度下记录玉器颜色的变化；加热玉器片，温度达到800℃以上，玉器片开始发黑；温度达到900℃时，黑色转变成棕褐色；温度超过 900℃时，玉器片开始钙化，这个过程，是玉石中的分子与分子结构破裂；实验显示，只要控制好温度，就能得到想要的沁色。

在600℃和400℃时实验，延长玉器片的受热时间，玉器片会由黑变栗，最后变白，这一过程需要较长时间的加热，玉器沁色的变化与受热温度、受热时间相关联，时间越短，所需的温度相对偏高，温度越低，需要的时间越长。400℃时，玉器颜色变化所需时间更长。玉器材质结构发生变化，是温度从低到高的过程，温度在十几度的时候，作用两千年，就形成玉石的斑斓效果：黑、栗、白三色；当温度低于一定度数，玉石分子趋于稳定，不发生改变；短时间提高温度，玉石就出现黑色、栗色和白色，受地热的作用，古玉的沁色大多离不开这三种颜色。

现代作旧中，大多使用高温烤出这三种颜色，已经不再用炉膛和炭火来提高受热温度，而用乙炔焊，乙炔燃烧时产生高温，温度瞬时可以达到3200℃，玉器沁色只在1000℃以下。但温度的高低要控制好，以免沁色没得到，玉石钙化了。

水银沁和黑沁

水银沁（图 5-4）是玉石受水银侵蚀、渗透的结果，黑色带反射银星。水银本身是银白色液体，水银的亚氧化状态呈黑色，亚氧化水银侵入玉石缝隙，形成渗透，残留在玉器中形成黑点。

水银沁分两种，天然沁和墓葬沁。

天然沁：玉石埋在土壤中，天然土壤中有水银，在时间作用下，土壤中的水银比重大，颗粒比较细小，水银渗透土层抵达玉石掩埋层，在重力作用下向下渗透，顺着玉石的纹路渗透进玉石。

氧化汞呈黄色粉末或红色粉末，水银的黑色要在亚氧化状态下呈现，天然水银本身就有亚氧化形态，自然界中大多呈现黑色，渗透进玉石后，形成的斑点也是黑色的，黑斑的大小多少，与土壤中含水银量的多少和形成时间有关。玉石纹理比较致密的，黑色水银渗透后，形成点点黑色沁，这种沁，在原石上就能看见，很罕见，因为自然界中极少存在游离态的水银，即使存在，由于水银液体表面张力非常大，侵蚀进玉石致密缝隙的可能性很小。

图 5-4 玉璧 *个人收藏*

墓葬沁：成品，半成品玉器，在墓葬中受到水银的沁入而形成。

朱砂是一种水银的化合物，也叫辰砂，学名硫化汞。

　　墓葬中有朱砂时，朱砂在玉器表面缓慢受热，游离出细小的水银颗粒，经过长时间作用，接触玉器，形成水银渗透。战汉时期，朱砂使用相当广泛，一般殓葬中，都有使用朱砂的习惯。现代考古挖掘中，常能见到器物表面有朱砂。也有使用水银殓葬的说法，秦始皇陵墓内"以水银为百川、江河、大海"；考古挖掘也见到水银殓葬。不管是水银殓尸，还是辰砂殓葬，这两种物质中都含有汞。水银殓尸，水银颗粒相对比较大，表面张力又很大，不容易渗透。战汉墓葬距离地表较深，墓穴容易受地热作用，辰砂受热就能游离出液态汞；墓葬中的辰砂受地热微热作用，由于热量有限，蒸发二氧化硫很缓慢，游离出的水银颗粒相对细小，细微的汞颗粒就比较容易渗透进玉石的缝隙中，这是战汉玉器出现水银沁的主要原因。

　　水银沁一般是黑色斑点，纯黑；晃动时能看到耀眼的白点，像星点，这是光学中的反射现象；水银沁入玉石缝隙中，成为反射介质，玉石缝隙中有凹凸，水银无法形成整体的镜面反射，只能看到反射光点，即银星。晃动玉石，相当于改变光线的入射角度，晃动时，出现黑点和白点闪耀。用两块玻璃夹住黑色的亚氧化汞，转动一定的角度，就会出现镜子的效果，近现代还使用水银作镜子的反射介质。

　　辰砂大都是红色的，古人把辰砂碾碎，洒在墓穴中，有些氧化还原了，有些未氧化还原，遇潮湿水汽，就会形成酸碱性的侵蚀，在玉器表面形成灰皮，有些分解成更细微的颗粒。辰砂本来就是晶体，年代久远，还会再结晶。辰砂的侵蚀，也有人称为绯红沁。

　　古玉收藏中有银钉沁的说法，这是一种伪沁色，伪名词，银星闪动，大多发生在玉石材质内部的断裂面上，多见于萤石材质中。萤石材料存在很多裂隙和分层矿物，晃动时光线改变入射角度，在断裂面和分层上产生镜面反射，实际上却没有任何物质侵蚀或沁入。玉石上较少看见这种银钉沁，含石英成分多的矿物中较多见。

　　玉石受水银侵蚀，水银顺着玉石纹理沁入，出现的带银星反光，这是真水银沁。

水银沁跟黑沁，颜色都为黑，内容上却不同，水银沁是水银的沁入形成的黑色，黑沁是由黑色物质侵蚀，以及玉石本身质地发生变化形成的。黑色侵蚀，比如腐烂物形成的黑色液体侵蚀进玉石，像牛毛纹，就是带有水性或者油性的物质沁入形成的。有人用黑色鞋油烧染，也可以得到黑沁。黑沁没有银星反射现象，因为不具有反射条件，黑色物质沁入进玉石缝隙后，水分蒸发，形成黑色或杂色物质，由于是干燥的不规则有色物体，光线无法穿透，即使改变光线入射角度，也无法形成反射。有些黑沁是玉石天然的包裹体，诸如石墨。玉石材料中包裹了石墨，包裹的黑色颗粒体多了，玉石颜色会发生改变，称为墨玉。

古人用两种方法来得到黑沁，俗称造黑斑法：一是用水将玉煮热，架在铁架上随烧随抹蜡油，不久会出现黑斑；另一是用旧棉絮泡湿，将包好的玉以柴火微火烧，待棉絮干后再浇水，就会有黑色出现在玉石中，表面也不发白，烧的时间比较长，就能得到黑斑。不过，这两种方法都离不开高温加热。

玉石切片加以高温，玉石受热就会出现黑色，在温度与时间的作用下，玉石材质内部的分子结构受热改变，形成黑色矿物分子结构，黑色矿物的分子稳定性比较差，继续受热，颜色就会发生改变。用火烧、抹蜡油的方法，都是为了提高燃烧温度，快速达到高温使玉石材料分子结构改变形成黑斑。用旧棉絮包裹的烧法，比较缓慢，以加长受热时间来让玉石变黑，主要特点都是受热改变玉石材料中的分子结构，没有所谓的黑色物质沁入玉石材料中。

战汉出土的大多数器物都带栗色和白色，少见黑沁，天然黑沁，大多由浸染得来，地沁作用形成的比较少，地热缓慢作用，让玉石受热，容易出现栗色和白色，大多数情况下，不见黑色沁。目前见到的黑色沁玉器，很多是人工加热作用形成的。

民国金村出土 "战国"玉耳杯的黑色沁，带有玉石受热后形成的黑色特征，非常典型，很符合造黑斑法的特点。

栗色沁

栗色沁，犹如熟透的板栗，也叫栗黄沁，是深褐色，有些是矿物变化形成的，有些是带有板栗颜色的物质沁入玉器玉料中，白或青的玉器变成部分栗色，有的全部变成栗色（图5-5）。

栗色沁的形成有两种原因，一种是栗色物质沁入玉石缝隙，玉石染色形成的栗色沁；另一种是化学变化，玉石内部分子结构改变形成，玉器受热导致原先的玉石分子结构破裂，产生新的氧化物质，使玉石颜色改变。玉石受热，原本玉石中的氢氧离子变成水分子蒸发丢失，玉石结构出现新的分子，呈现新物质的特性颜色，而非外来杂色物质导致，这是玉石本身分子特性的改变而形成的栗色（图5-6）。

图 5-5　三凤出廓玉璧 个人收藏

玉器受沁染的过程：陪葬的玉器，在墓穴中受到液体浸染，形成带有栗色变化的玉器；墓穴中的棺木、布料、漆器、食物等各种有机物发酵腐烂，搀杂在一起，就会形成褐色的溶液；战汉时期墓葬的密封性比较好，一般都经过防水处理，有些能在几百年里不漏水，有些更长；在相对稳定的湿度环境中，水汽含量基本保持不变，存在棺木中的液体在空气饱和后，不容易挥发，相对稳定，这些液体跟玉器接触，在几百年里，甚至上千年的时间里，玉器都浸泡在液体中，产生沁色；玉器摆放的位置不同，形成的沁色也不相同，没有受沁颜色、受沁部位都一样的两件玉器。

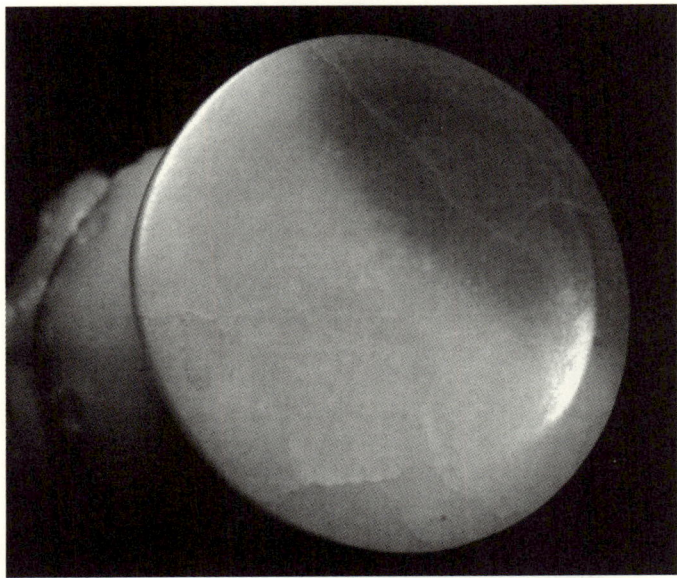

图 5-6　栗色沁

　　墓穴中形成的沁色，有些是直线沁，沁色和本色分成两块，有些玉器会接触布料，接触的地方出现沁色，有些玉器接触了织物，带有织物的痕迹，有些墓穴发生变化，染色液体逐渐缓慢干燥，浸沁颜色由浅变深，染色液体没有了或积存液体更多了，原先的浸染液体浓度就改变，又因为环境的不同，改变成其他的侵蚀，有些玉器干燥后受地温烘培，出现钙化的白色，些许环境的不同，沁色千变万化。

　　高温下加热玉器，会改变玉器分子的结构，使分子发生变化，产生出新的物质，玉石分子中的氢氧根离子脱离，出现亚氧化阶物质，呈黑色或栗色，黑色和栗色对应不同的氧化阶矿物。高温加热时，黑色物质的状态不稳定，继续受热，出现栗色，栗色相对稳定，所以战汉出土器物上常见栗色沁。继续长时间受热，完全脱氧脱氢后，形成纯白色钙化，玉石的组成成分发生改变。以甘肃临洮县出土的齐家文化玉琮（图 5-7）为例，可看到颜色变化的过渡，自左向右，青白是玉石本色，再是黑色和栗色，再是白色钙化，白色钙化后的玉器质地疏松，容易被土壤侵蚀，土壤侵蚀玉器钙化部分，使其带米黄色。这一件玉琮的沁色过渡层次很丰富，这些颜色由地热作用形成，受微热温度环境长时间作用，受热源在白化的一侧。所有高古玉器的沁色最终都是白色，完全钙化；所以，年代越久远，大多玉器的沁色，就会出现全白。

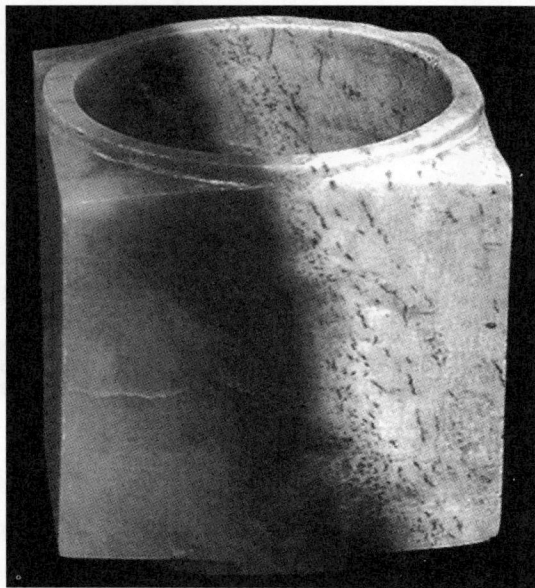

图 5-7 玉 琮
齐家文化甘肃临洮县出土

　　战汉玉器出现栗色沁的时候，少见大片钙化的现象；齐家文化玉琮的钙化，因为受地温作用时间比较长。有些仿古玉，在栗色沁后面跟有钙化沁，仔细分析，有许多是高温所致，热源从钙化部位烧起，前面温度低，后面温度高，就出现前面栗色后面钙化的特点，对比栗色部位和白色部位，观察热源在玉石上扩散的痕迹，大致能看出是天然受热，还是人工加热。

栗色还可以用烧染成色，把玉器放在带染色染料的水里烧煮，烧煮一段时间，玉石就会出现栗色；时间够长，即使用白开水，烧煮上一定时间，玉器也会出现栗色，不过这要用很长的时间加热，成本比较高，比较少用。老法做旧中还有铁锈法，把要染色的玉器放在铁锈水里，有些全部浸染，有些部分浸染，两种方法得到的玉器，玉石裂绺处都会带上深褐色沁染；另一种铁锈法，是把铁屑放在玉器表面锈蚀，玉器出现铁锈斑。

烧煮和浸染都可以用来做旧。烧煮既可加温，也可造成浸染，鸡蛋能烧成茶叶蛋，就是浸染的作用，提高温度可加速浸染。真古玉是低温浸染和低温受热形成的颜色变化，现代做旧则是高温浸染和高温受热，两者的差异很小，以高温改变作用时间，从而达到改变玉器颜色的目的；这样形成的沁色，在效果上来说非常逼真。区分沁色时，必须看器物的做工、纹饰、材质等，不能单纯以沁色来直观判断。

明清玉器有沁色，而少见沁，大多保留玉器原石的颜色，也有些带淡淡的沁色，形成各有原因。

玉器钙化的过程

玉器的钙化指玉器材质受热或受化学作用，导致分子结构产生变化，形成新的分子结构，生成含钙或钙氧化物的矿物组成。

（一）玉石钙化的分子式

石灰石就是碳酸钙（$CaCO_3$），经过火烧，可以变成生石灰。生石灰的主要成分是 CaO，加水变成消石灰。消石灰也叫熟石灰，主要成分是 $Ca(OH)_2$。这一过程，是石灰石的钙化过程。

和田玉的成分是含水的钙镁硅酸盐，化学式为 $Ca_2Mg_5Si_8O_{22}(OH)_2$，从化学式可以看出，钙占一定比重。为了让玉器钙化，通常用高温烧制成品玉器，使其逐渐发白，玉料出现全部白色钙化，钙化后的玉石化学分子式是 $2Ca^{2+}+5Mg^{2+}+8SiO_2+8H_2O$，水分子被蒸发掉，剩余钙、镁、硅的氧化物，钙是白色的，二氧化硅是白色的，氧化镁也是白色的。玉石的钙化和石灰石的钙化基本类似，只是内部的化学分子式和组成成份不同，玉石受热，钙化后产生出的几种物质，特性都呈现白色。

远古玉器和战汉玉器上出现的白色、钙化、冻花，玉器上出现的各种白色沁，都是因为分子变化，形成了含钙镁硅的氧化物。

加热过程中，随温度变化的不同，玉石会产生不同的颜色，玉石种类不同，颜色变化的温度要求不同。天然玉石受外部环境热力所致，形成天然沁色和皮壳。埋在地下，也会受地热温度的作用，长时间作用形成钙化和冻白，形成沁色。

玉石的钙化还可以是化学变化的结果，用浓酸或碱配置化学试剂，把玉石浸泡在溶液中，玉石中的氢氧根离子就会和酸碱溶液发生反应，析走氢氧根离子，解析出白色的钙镁硅氧化物。

出土古玉器物上有各种各样的白色沁，成因基本相同，有鸡骨白、尸沁白，有些是边框白，还有所谓"饭糁白"。白色侵蚀中，又有各种各样的冻白，诸如鱼脑冻、糙米白、饭花点、鱼肚白、象牙白等，都是受地热或液体侵蚀的结果。

（二）玉器变白的原因

玉器变白的主要原因，是因为受热，玉石中的颗粒本身能吸收热量，外界温度比自身温度高了，就吸收，外界温度比自身温度低了，就释放；温度

图 5-8 玉凤鸟 个人收藏

越高，钙化的时间越短，温度越低，钙化需要的时间越长。这可用来解释现代高温烧白仿制和古代玉器钙化的过程。现代仿制，为了缩短钙化的时间，必须提高温度，高温加热成了必然，控制好高温温度，就可以得到预想的白色效果。

古代玉器钙化，受地理位置、气候条件、受热温度等的原因，形成各不相同；战汉时期的玉器，部分钙化是从玉器材质内部开始，主要取决于埋葬深度，长期地热形成内部钙化，钙化从玉器内部开始变白，由内向外扩散，呈现出斑斓，犹如积云漂浮在玉器材质的内部，变化无常，这就是沁色中的冻白。这一时期的玉器，冻白大多凝结在玉器内部，不露出表皮，少见全白，形成的钙化冻白呈现出云展云舒的效果（图5-8），非常漂亮。有些冻白形成时受热，由黑栗色开始，所以战汉时期的古玉往往既有冻白，也有栗色，表皮还带有虫咬斑。战汉墓穴深埋地下，有些十几米深，地热持续稳定，温度恒定，许多战汉玉器的材质发生变化，出现各种冻白和雪花状的白色。有些玉器的材质质地稍差，地热温度偏高，就成全白。

　　远古和史前社会较为遥远，有些玉器埋藏在地层浅表，受阳光烤晒，温度较高，再加上受热作用时间长，受热不稳定，钙化的过程就不太一样。有些玉器的钙化是从玉器外部表面开始的，可能是受热和酸水腐蚀造成，形成原因各不相同。

（三）鸡骨白的形成

　　鸡骨白（图5-9），感觉像鸡的骨头经过熬汤后脱落出来，捞出来看白白的效果，鸡骨白是地热低温作用形成的，形成要经过两个时期，一是形成期（前期），二是成熟期，成熟期是指玉器形成全部白色钙化，良渚文化遗址上出土的钙化玉器就是这一类型。这种钙化白过程多数是从内部钙化开始，也有些是从外部钙化开始，两种形成过程最后都导致了玉器全部变白。

图 5-9 钙化白

　　形成期中，玉器材质内部先形成大小不同的圆球状钙化白，犹如开水沸腾吐出的汽泡，形成散花状，慢慢扩散到表面，在表面形成白斑，长期遭受地热，玉器吸收的热量没有释放途径，集聚在材质中，导致材质内部变化。

　　鸡骨白的受热，容易从玉器与地面接触的一面开始，因为这一面长期受地温的烘烤，最容易出现钙化白。鸡骨白对墓穴的干燥要求比较高，地区降水不同，有些墓穴容易漏水，不容易出鸡骨白。温度不同，内部质地的变化过程也不同，出现各种钙化现象，有冻白和积云，还有"饭糁"（图5-10）。

　　同一块玉在墓穴中受热，玉器在墓穴中，受到地面和空气中的温度是有差异，所以很难出现白色钙化颜色相同的玉器；物质腐烂也会产生热量，玉器形状的不同，也会造成差异，有些玉器边框发白，是玉器与土壤中的有机物接触，土壤中的有机物被玉器覆盖着，边框部分富含的有机物与墓室中的空气发生氧化腐烂，产生热量。玉器中间缺少空气，氧化腐烂比较慢，产生的热量不足以使玉器出现钙化。玉器的钙化与湿度也有关系，边框部分容易受潮，会形成酸碱溶液的腐蚀，这些原因都会形成玉器钙化的不同变化。

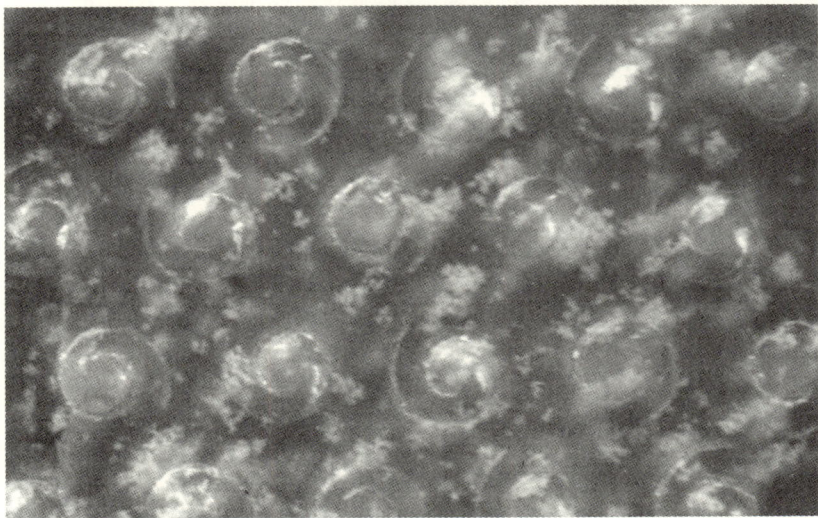

图 5-10　饭糁白

钙化的形成过程不同，钙化形成期出现的颜色效果也不相同，而结果是相同的——玉器最后全部变白；鸡骨白的成熟期就是玉器完全钙化变白。

地热的温度很低，只有十几，二十几度，这样的低温，温度改变一度，作用时间二千多年，就会形成不同的沁色效果，地热形成的沁色，都是玉器材质内部开始的，所以，对玉器的表面不造成任何损伤，玉器的抛光和包浆还是完好如初，出土后，光亮熠熠，不需要任何盘摸，包括良渚出土的玉器，虽然许多全部钙化，却不伤表面，也有这样的效果。如果受酸碱度的水腐蚀，玉器就会失去包浆和光泽，这种情况也很多。

（四）钙化作用

钙化还可以使用化学的方法进行，即化学作沁，方法有涂抹、喷洒、浸泡，使玉石分子丢失氢氧离子，形成白色的钙镁硅氧化物。

古玉常处墓穴中，漏水，受潮，或者腐烂物在腐烂过程中都有产生酸碱变化，造成墓穴中的液体带酸碱性，这些液体会腐蚀玉器，犹如风化；有些液体会变干，这一过程中液体酸碱性增强，腐蚀性增强，有些是弱酸，但长期浸泡同样会腐蚀玉器。陪葬中使用的矿物也会产生酸碱腐蚀，朱砂是其中一种，朱砂受潮后，酸碱度变化，会腐蚀玉器。有人把玉器酸碱腐蚀形成的白色钙化表皮叫灰皮，白灰色的皮壳。

墓穴中的情况很复杂，往往几种情况叠加出现，有酸水腐蚀，有地热作用，两者叠加，都会形成白色钙化。

现代人作沁的时候就拟造这些条件，配置酸碱性液体，对玉器进行侵蚀处理，形成钙化白。区分这些手段需要综合分析，找到规律和做旧痕迹。玉器用酸水腐蚀过，缝隙中会残留酸性溶液，对人体是有害的。

现代玉器做旧的目的都是加速形成玉器老化特征，在短时间内形成沁色和侵蚀，钙化做旧主要离不开两种方法，强酸碱腐蚀和高温烘烤。高温和强酸都从玉器外部开始作用，容易伤及表皮。

区分现代做旧和天然沁色要把握一个原则，很多战汉玉器的天然钙化，大多是从玉器内部出现的白化，形成冻白，凝结在玉器内部，有些钙化白在玉器材质内游走，不露出表皮，钙化由内部逐渐扩散到外部。

有一类仿制比较特殊，巧妙利用天然沁色，区分这一类作假，要区分沁色的状态，天然沁色顺着原石的形状走，原石的沁色加工时会断裂，古玉的沁色则融合在器型中，因为玉器材质内部发生变化，从内反映到器型表面。

鉴定古玉的时候，沁色只是其中一种参照，不是唯一的判断依据，还必须结合做工、纹饰等进行综合判断。

虫咬斑与吐灰

玩古玉的人，经常听说虫咬斑（图 5-11），没有人解释这一现象，有人看字面意思想象，真以为地下的虫吃玉石，在玉石表面留下一个个小坑洞。有人认为玉器埋在地下，有虫吃，甚至在玉器上产卵，或者虫爬过的黏液腐蚀玉石形成芝麻点坑，这些观念都不正确。没有虫能吃得动玉石，自然界中也没有哪种微生物能吃得动玉石，虫咬斑一般都出现在高古玉器上，自然界中存在的玉石，都没有虫咬斑的现象，高古玉器上的"虫"咬痕迹，其实是吐灰形成，这是玉器特有的现象。

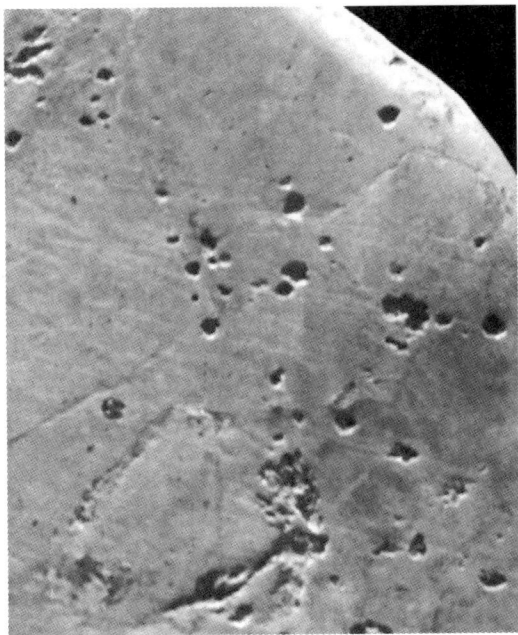

图 5-11　虫咬斑

　　干坑墓葬出土的玉器，放在水里浸泡半天，捞出晾干，会看到玉器吐出的白色灰浆；这一现象，高古玉器上有，天然玉石没有。玉石本身含有钙；长期干燥，受地热作用，玉石分子中的氢氧离子会微量丢失，产生微量钙分子，这些钙分子和空气中的氧气发生反应，就生成氧化钙，有些氧化钙在表皮，有些在缝隙中，如果玉石中的氧化钙不碰到水，用手直接接触，汗液、油脂会渗入进玉石缝隙，氧化钙和油脂同时融合在缝隙中，使玉石变得晶莹润泽。一旦玉器中的氧化钙遇水，原本在玉石缝隙中的氧化钙发生化学反应，分子膨胀，就被挤出缝隙，浮在玉器表面；晾干就会看到白灰。

　　并非古玉才吐白灰，现代仿古玉器也会，用酸水泡，短期搁置，就会看到玉石自然吐灰，不需要水。有些人用酸水泡玉再用清水煮，搁置一段时间，再放水里，还能吐灰。玉石中只要有氧化钙，就会吐灰。酸碱性液体破坏了玉石分子结构，出现微量钙元素，钙元素和空气中的氧生成了氧化钙，再遇到水分子，自然完成了化学反应的过程。

　　吐灰的过程，其实就是氧化钙（CaO）碰到水（H_2O）发生化学反应生成氢氧化钙 $Ca(OH)_2$，即从生石灰变成熟石灰 $Ca(OH)_2$，晾干，就能看到覆盖在玉器表面的白灰，这种白灰就是熟石灰，熟石灰的水溶液呈碱性，$PH>7$，这就是玉器表皮遭受碱性腐蚀，产生虫咬斑痕迹的真实原因。

　　玉器长期在干燥的环境中，分子产生细微变化，生成氧化钙，突然遭遇潮湿环境，玉器就会吐出白灰。战汉墓穴的密封性能比较好，可以几百年不渗漏，随着地层的活动，或遭遇地震、暴雨、洪水等，墓穴出现渗水，这时候，原本相对稳定的环境改变，形成潮湿的环境，玉器就会吐出灰浆附着在自身表面，这些灰浆本身带有弱碱性，会侵蚀玉器，但效果有限，形成蜿蜒曲折，若隐若现的钙化斑点（图 5-12）。

　　出土的战汉玉器表面，大多覆盖一层白灰，形状不同，去掉白灰后，就会发现下面的侵蚀，侵蚀形成的白点吻合覆盖着的灰浆形状。出土清理过的古玉不会带灰浆，不了解的人就以为虫子吃了玉石。

图 5-12　钙化斑点

　　总的来说，虫咬斑只是比喻，并非真有虫子啃食玉器。

　　战汉古玉有出灰腐蚀过的虫咬斑，也有几种沁色和虫咬斑的叠加，有虫咬斑的玉器一般不再吐灰，没有虫咬斑的出土玉器有些还会吐灰，虫咬斑的痕迹较难仿制，用人工喷洒强酸形成的斑点，虽然很像，看起来却很不自然，还是能区分的。

　　栗色沁、钙化冻白和虫咬斑，综合在一起，可用于鉴别汉古玉，一般战汉玉器的沁色都会出现两种以上的组合。

第六章 古玉的真伪

　　鉴定古玉的真伪，每个人都有自己的方法，标准不一样。在使用科学手段进行判断前，主要依据个人的辨识能力。

　　仿制玉器是古玉文化中的重要组成部分，自从有了古玉，就有了仿制玉器。有些仿制是继承和发展，在前朝的工艺和纹饰基础上加入时代的审美观，有些纹饰是复古。仿制的纹饰也非常复杂，两周延续商代纹饰的风格，战国时期很少使用春秋时期的纹饰，西汉时期却很喜欢春秋时期的纹饰。在宋以前，仿制玉器很少是为了商业目的。到了宋代，伪古玉大量出现，从宋朝到民国，仿制者大多为了商业利益，玉器被人为做旧染色，低劣玉器充斥市场。

　　从玉器的传承看，有些仿制者模仿古代的纹饰、器型和做工时，不对玉器做旧，不染色，不做酸热处理，得到新玉新意和新玉模古的作品，这一类仿制带有继承和发扬光大。这些作品有很大的创作成分，虽然作者的艺术和加工水平不同，内容也各不相同，但都有独特的主题和内涵。商业仿制，大多是人为做旧，染色和烧沁，试图混淆玉器年代。商业仿制的潮流是从宋代开始的，坊间流传着一些仿制的玉器，仿制水平很高，非常逼真，沁色做得尤其像，但从把玩的角度看，这样的玉器价值不大。

　　玉器贵真，不做旧的，即使工艺较差，品相较差，却有存在的价值。现代做旧的仿古玉很多，展出、鉴定、拍卖各个环节上都不难见到，也有些专家肆意妄言，把现代染色作品说成古玉，给古玉真伪鉴定带来很多困难。

　　收藏、把玩、鉴定玉器，提倡真善美。真，就是作品真实意图的表达；

善，就是不包含欺骗的内容，凡是人为作沁的，都包含了欺骗内容；美，就是感受玉器的美感。

古玉的鉴赏

鉴别古玉真伪，一要看年代，二要看艺术形态。即使同一题材的作品，年代不同，工艺不同，技术不同，艺术效果也各不相同。

乾隆皇帝喜欢古玉，因此，中国玉器发展又一次进入巅峰。乾隆皇帝喜欢题写诗文，在御制诗文中有八百多篇写到玉器。存世的故宫玉器藏品中，乾隆的收藏占绝大多数。这些藏品的断代都是新中国建立以后确定的。

认识玉器要循序渐进，可以从材质、器形入手，也可以从研究做工开始，还可以从辨识年代做起……不管从何起手，一开始的时候都没有清晰的观念；尤其是遇见没有具体年代的玉器，就更无法着手。乾隆皇帝收藏了这么多的玉器，可据古玉典籍来明确断定年代的也寥寥无几。乾隆时候的人对玉琮的功能就很不了解，乾隆根据东汉许慎的《说文解字》的说法（"琮，瑞玉，大八寸，似车釭"）为玉琮取别名为"扪头""辋头"，即俗名"缸头"，将其想象成车轴上的佩饰，还做《题汉玉辋头》："盖古时舁辂辇或以此饰竿头……"其《咏汉玉辋头瓶》："五辂辋头饰，难分秦汉周……"把玉琮说成竿子上的装饰品，这也是想象的结果，因为琮中空，可以套竿子用。旧时，琮加了底，有的当笔筒，有的当花瓶，插花用。至于年代，乾隆朝的古玉大多以汉代命名，玉琮也被当成汉物。到了晚年，乾隆有所发觉，琮不应该是汉的，应该比汉早，只可惜，年代上还是有很大的误差，功能作用还是茫然。

今天的学者和收藏者则不同，有考古发现提供的正确信息作参考。考古发现出土的器物为我们建立了玉器的年代概念，因为有了具体年代和时间可考，就有了参照物和标准器物，对一些没有出土依据的玉器，可以根据形制进行分类判断；但还是有一些远古的玉器无法考究功用，商周之前的不少器物，在《周礼》之外，连名字都无法考证。

现今收藏在台北故宫博物院和北京故宫博物院内的不少古代玉器需要重新定位。这些旧藏，有些根据乾隆的诗文来断代，有些是新中国成立后根据经验进行的断代，在考古出土标准器物非常丰富的现代，需要重新考证。

现在进行这个工作，还有一大优势，当今物理知识非常普及，古代那些不能解释或难以解释的现象，很多可以用现代物理学知识来解释；即使现在不能解释，推断起来也有较大把握。

辨识古玉，可以从材质、器型、做工、纹饰、沁色和包浆等方面进行综合辨别，每个时代都会不同，文物具有不可复制性，区分这些不同，就会形成较为清晰的年代概念。

就鉴别而言，有的材质肉眼能区分，但还需要对其进行矿物成分分析，以更好地确定其物理特性，然后了解其工艺特征等方面。沁色上，真沁和假沁都是沁，只是物理和化学的作用时间不同，有些沁色很难区分是人工还是天然。包浆上的差异，对光线的细微强弱特别敏感的人才能区分。痕迹鉴别则要从观察器物中获得的实际经验作依据，了解各时代使用工具的加工痕迹，就能了解其加工痕迹上的信息。

理论上，能用图片进行比对的只是器型和纹饰；相似的器型很多，形似的器物也很多，模仿起来比较容易，更有许多创新，同时期有创新，后代模仿也有创新；分析纹饰时，纹饰具有时代性，需要概括时代特征，找出大致年代的相似处，以同时期的纹饰特点进行比对，找出器物纹饰的不同年代差异，才能辨识器物的真伪。

故宫"战国"螭纹玉璧的年代

螭凤云纹玉璧（图6-1），战国，宽14.2cm，璧径11.5cm。北京故宫博物院藏，这件玉器是清宫旧藏，解放后，故宫博物院对其进行了年代定位，定为战国玉器。这件玉器在资料中的出现频率很高，多被学术论文引用；解放初期对该玉器进行断代时可参考的出土器物较少，参照物多是民国时期流散在海外的玉器，年代定位上难免出错。

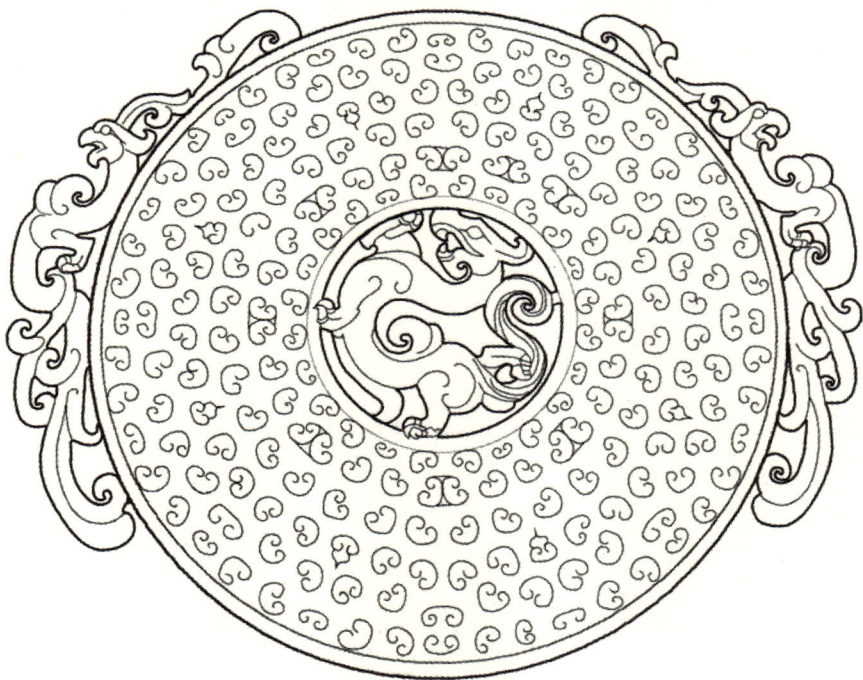

图 6-1 双凤出廓螭纹玉璧

战国 北京故宫博物院藏

螭凤勾连云纹玉璧（图 6-2），1983 年广州南越王墓出土，玉璧外廓装饰两只凤鸟，玉璧装饰勾连云纹，中间一螭龙纹饰。

广州螭凤勾连云纹玉璧和故宫玉螭凤云纹璧的型制和题材一模一样。广州南越王墓，1983 年开始考古挖掘，出土有"文帝行玺"金印，南越文帝，公元前 137 年至前 122 年在位。

两件进行比对，可以发现，故宫螭凤云纹玉璧不是战国的，战国时期的螭纹头部造型与西汉时期的螭纹头部造型区别甚大，以 2006 年荆州市马山镇濠林村四组院墙湾1号墓地出土的战国玉器为例，出土的螭龙，眼睛前的鼻子部分有卷云纹，这一做法一直沿用到西汉初期；到了西汉，螭纹的头部变化甚大，下巴呈斧头形，眼睛上方出现眉角，上嘴唇上翘。因此，故宫旧藏螭凤云纹玉玉璧的螭纹特征具有西汉时期的纹饰特点。就螭纹而言，将其断代在战国时期存在明显错误。

图 6-2　螭凤勾连云纹玉璧
西汉　广州南越王墓出土

　　广州螭凤勾连云纹玉璧，外圈出廓装饰有双凤纹饰，玉璧中间装饰螭虎纹饰，玉璧上面装饰有勾连云纹，这种云纹，排列有序，威仪有气势，行步缓慢，才会带出整齐的涡旋。螭虎（图6-3-2）昂首阔步，腿部有力度，走路，蹬腿，四肢都带有韵律，一前一后，让人感觉气势威严，悠闲自信，神态上有傲视天下的气势，这也是汉代玉饰给人的感觉。勾连云纹排列规整，比谷云纹更有气势，外廓的凤鸟纹饰古朴简洁，线条粗犷而不失质朴，每一道弯勾表现出云气翻腾的涡旋。

比对故宫螭凤云纹玉璧上的螭虎纹饰，螭虎（图 6-3-1）的第四条腿（后腿）明显错位，螭虎的两条后腿是趴着的，整个重心在第三条腿上（简称三号腿），那是整件作品的重心，三号腿下蹲，四号腿翘起，类似犬溺，成为一大败笔。从纹饰看，三号腿的纹饰应该错了，这个肌肉纹饰应该是四号腿的，造成四号腿的纹饰错误。

图 6-3 螭 纹

1 *故宫旧藏*　　　　　　　　　　　　2 *广州南越王墓*

纹饰的审美，要符合现实的审美，遵循现实的法则，呈现一定视觉角度，看动物侧面两条腿的肌肉时另一面是看不到的，刻画这一面的肌肉时必须呈现其行动时候的自然状态。故宫藏品中，二、三腿的肌肉挤在一起，一、四腿分开，造成视觉错乱，而战汉时期玉器的纹饰加工已经非常注意也能精确呈现视觉角度，仔细观察广州南越王墓出土的螭纹，不难发现这一特征。

两件作品的第三条腿纹饰差异甚大，故宫藏品中，螭虎腹部多了一条穿云带起的气流涡旋纹饰，有人认为是鬃毛，前垂到地。西汉时的玉器，螭纹腹部大多无鬃毛。北京大堡台 2 号墓出土的龙纹玉璧，断代为公元前 73 年，螭纹腹部无鬃毛。鬃毛应该出现于东汉，由云气涡旋线条演变而来。扬州老虎墩出土的东汉"宜子孙"玉璧中的螭纹腹部带鬃毛，垂地。

图 6-4　透雕龙凤纹重环玉佩

广州南越王墓

　　有明确年代的西汉玉器中，很少见到腹部鬃毛下垂的螭纹，现藏于美国密苏里州堪萨斯市纳尔逊·阿特金斯艺术博物馆的虎纹玉瑗（图 6-7-2）上有下垂的鬃毛，但该器系金村出土，不能做为标准器物。广州南越王墓出土过透雕龙凤纹重环玉佩（图 6-4），腹背上带有上卷下卷纹饰，不似鬃毛，应该是云气纹。螭虎瞬间扑跃，带起身体两侧云气的涡旋气流，这是表现动物搏斗动作带起的气流涡旋，螭虎扑凤鸟，螭虎的凶猛，凤鸟的哀鸣，凤鸟站在螭虎腿上，螭虎扑空，凤鸟逃脱，带起云气翻腾，形成阵阵气流涡卷，用静态的雕塑展现动态的瞬间，这样来理解作品的审美意蕴更符合作品的原意。

就目前出土的汉代螭纹玉璧而言，以涡旋卷曲表示气流的波动，来区分动态和静态，没有涡旋云纹的螭虎是静态的，带涡旋云纹的螭虎是动态的，以涡旋云纹的多少表示运动速度的变化。到了东汉，螭虎身体上方的涡旋演变成翅膀，腹部涡旋演变成鬃毛。

器物的比对，还可以从尾巴的形态来判断螭虎的状态，螭尾上扬，代表征服和胜利，螭尾下卷，意味失败和逃跑。西汉时，大多数螭纹尾上卷，这种姿态感染力比较强。螭尾下卷，显得灵活，便于展示纵身翻滚逃跑的灵巧。广州南越王墓中出土过一件玉螭纹剑珌，两只螭虎相互搏斗，其中一只螭纹立体镂雕，一只平面凸雕，螭尾下卷，从雕刻手法看，平面雕刻和立体雕刻有很大的差异，螭虎的胜败也不言而喻，螭纹的大小比例也明显不同，胜利的一方，赢得不容易，尾巴稍微带卷曲，螭尾下卷，有退意；失败的螭虎，动态退缩形成螭纹带动尾巴的向下卷曲。河北省平山县南七汲村出土的战国时期中山国龙纹玉板上，两只螭虎相互踩着对方的尾巴，出现反向卷曲，这一形态的螭纹相对较少，螭尾向上逆时针方向卷曲的很多。战汉时期的玉匠已经区分螭尾上卷和下卷的形态差异。

玉器加工中，纹饰线条的加工受加工器具的制约，玉石上呈现纤细的线条很费劲，只有工具很成熟时才能做到。西汉时期，虽然勾卷线条很多，不过为了突出虚实相间的纹饰效果，一般做小镂空，突出大纹样，以表现纹饰形体的饱满。

就外廓的凤鸟纹饰而言，故宫旧藏玉器（图 6-5-1）中的纹饰，线条过于纤细柔美，缺少厚实感和质朴感；比对凤鸟纹饰，广州南越王墓出土的西汉时期玉螭凤勾连云纹璧上的凤鸟（图 6-5-2），1973 年河北省定县 40 号墓出土的玉双凤璧（西汉晚期）上的凤鸟（图 6-5-3），河北满城刘胜墓出土的玉鸡心佩上的凤鸟（图 6-5-4）纹饰，可以发现，凤鸟爪似龙爪，尾似龙尾，凤鸟身上的勾卷纹饰比较少，不出现细长拉丝状的纹样和繁复的线条勾卷。从加工技艺上来说，这是工具制约的结果。

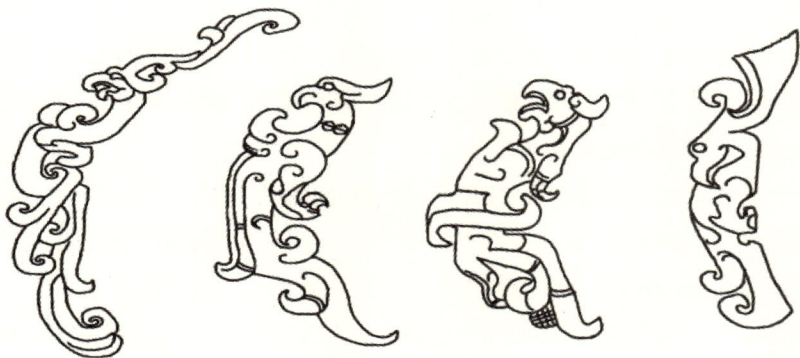

图 6-5　凤鸟纹饰

1 双凤出廓玉璧	2 双凤出廓玉璧	3 双凤出廓玉璧	4 玉鸡心佩
故宫旧藏	广州南越王墓	河北定县 40 号墓	河北满城刘胜墓

　　故宫旧藏玉器上的凤鸟纹饰，风格明显和西汉的凤鸟纹饰不同，故宫旧藏玉器中的凤鸟纹饰，实体线条过于纤细柔美，繁复细腻。从红山玉猪龙的团式线条，到西汉凤鸟的块状图形，再到清宫旧藏的纤细线条勾勒，这要经历几千年的变化。玉器线条的镂空，一个繁复，一个质朴。

　　故宫旧藏螭凤云纹璧玉璧，中间大多装饰三角云纹，西汉玉器可见同样的纹饰，广州南越王墓的玉剑饰上有两相连的三角云纹，陕西省西安市北郊枣园南岭汉墓出土的玉璧上也有三角勾连云纹，线条平面勾勒，器物纹饰没有什么特殊变化。

　　故宫旧藏中的这件螭凤云纹璧上的三角云纹，云纹繁复，变化多端，三角云纹中夹杂葫芦纹饰和勾连云纹，带有人为排列的规律，从玉璧最里层往外数：

　　第一层，一正一反两个三角云纹再隔一个勾连云纹，重复。

　　第二层，一正一反两个三角云纹，用两相连的三角勾连云纹组合来间隔，重复，位置不够，补充一个两相连的三角勾连云纹，三个连在一起。

　　第三层，一正一反两个三角云纹，重复。

　　第四层，一正一反，一正一反，四个三角云纹，再加一个葫芦形的云纹做间隔，重复。

第五层，一正一反，一正一反，四个三角云纹，再加一个勾连云纹来间隔，重复。

第六层，一正一反两个三角云纹，加一个勾连云纹做间隔，勾连云纹一上一下，和第五层呼应，重复。

这决不是自然的巧合，应该是人为的刻意设计，这是战汉玉器中从未出现过的组合排列纹饰。

第四层出现葫芦形状的云纹，这是战汉玉璧上从未出现过的。

就加工技法而言，平面勾勒和减地雕法相差甚大，三角勾连云纹和勾连云纹都是逐渐发展出来的，从平面线条勾勒发展到有突起的颗粒纹饰，形成减地雕法；故宫藏品只用平面线条勾连技法，显然是比较简单的。

线条形成轮廓，制作成统一的纹饰，云纹、谷云纹、勾连云纹、三角勾连云纹都是单一纹饰，不会以复杂的排列组合形式出现。

从材质来说，白色带透，标准和田玉，硬度偏软。年代越久，使用的材质越硬，年代越近，材质越软，对比 1982 年青州谭坊镇马家冢子出土的东汉"宜子孙"出廓玉璧的白玉，显然故宫旧藏玉器的白玉质地显的偏嫩。广州出土的玉螭凤勾连云纹璧青玉质地是西汉玉器中典型的和田青玉。

故宫旧藏螭凤云纹璧，纹饰明显存在刻意装配组合；带间隔的三角云纹，繁复和刻意，故弄玄虚；鬃毛垂地，有东汉的味道；两相连的三角云纹，不是主流纹饰；第三条腿的纹饰错误，造成第四条后腿，位置错位；尾巴下卷，未战先败，凤鸟纤细，柔美缺少质朴；整体华丽，却没有汉代的韵味，从玉璧的整体纹饰来说，应该是仿西汉的器物。故宫旧藏螭凤云纹璧，玉质白洁莹润，是汉代达不到的透白，乾隆时的人以白玉为美，"首德而次符"一变而为"首符而次德"，追随的是宫廷风尚。

乾隆好玉，为牟利也好，为附庸风雅也好，玉匠根据皇帝的审美观，奉迎社会的时尚和喜好，参照出土的类似器物作品进行仿制。反推，故宫旧藏中的这件玉器，沁色应该是做旧的，凤鸟头部的沁色有明显人工染色的痕迹；目前市面上与故宫旧藏螭凤云纹璧相似的器物都是仿制品。两件器物的比对，正是玉器制作史上两个巅峰时代的对比。

关于故宫对螭璧的看法

故宫玉镂雕螭龙合璧(图 6-6)，清宫旧藏，解放后，故宫博物院对清宫旧藏玉器进行整理和年代定位，这件玉器所属年代定为战国，主要的依据是金村出土玉器，美国纳尔逊·阿特金斯博物馆藏东周虎纹玉瑗和这件类似，但东周虎纹玉瑗出土于洛阳金村，显然不能作为参照器物使用。

从形制上说，玉璧一分为二，类似信符。

战汉时期，铜虎符是调动军队的信物，以对半形式出现，一半在地方，一半在朝廷，一符一用。成书于战国末期的《周礼》有"白琥礼西方"的说法，这一时期出现白玉做成的虎符，现藏于济南市博物馆的"南郡左二"玉虎符，为标准式样。

玉虎符由一块玉做成的两件器物，合起来是完整的玉虎，一半由君王掌握，一半由驻扎在地方的军队掌握，专符专用，使臣持符到地方验合，合起来就能调动军队。

故宫玉镂雕螭龙合璧，中间螭虎纹饰，一剖为二，很有玉虎符的味道；但从沁色看，玉璧是沁完后剖开的。两块半璧对上，栗色沁形成直线，直线沁在玉未剖开的情况下才能形成，剖开后不可能成一条直线，说明玉璧是有沁色后剖开的，对剖时间不在战国，沁色自然形成所需时间要千年以上，战汉时期的玉璧自然形成沁色，要在唐宋以后。所以，这块玉璧制作完成时是整块连在一起的，完整的玉璧跟信符是不相干的。

就器型而言，自中部对半剖开，类似合璧，从剖口看，并非原设计，"应是重大事件发生时临时剖开"，这是文博专家对剖口的解释，要剖开玉璧，会破坏器型，战汉时期十分重视玉璧的完整，"宁可玉碎，不为瓦全"，剖开玉璧的做法没有先例；"半璧为璜"，玉璧剖开后，形制就变成璜，不过中间螭纹的纹饰是分离的，一个上半身，一个下半身，从齐家文化的合缀玉璧看，合缀的目的是形成完整的器型，这对半璧没有合缀的痕迹。

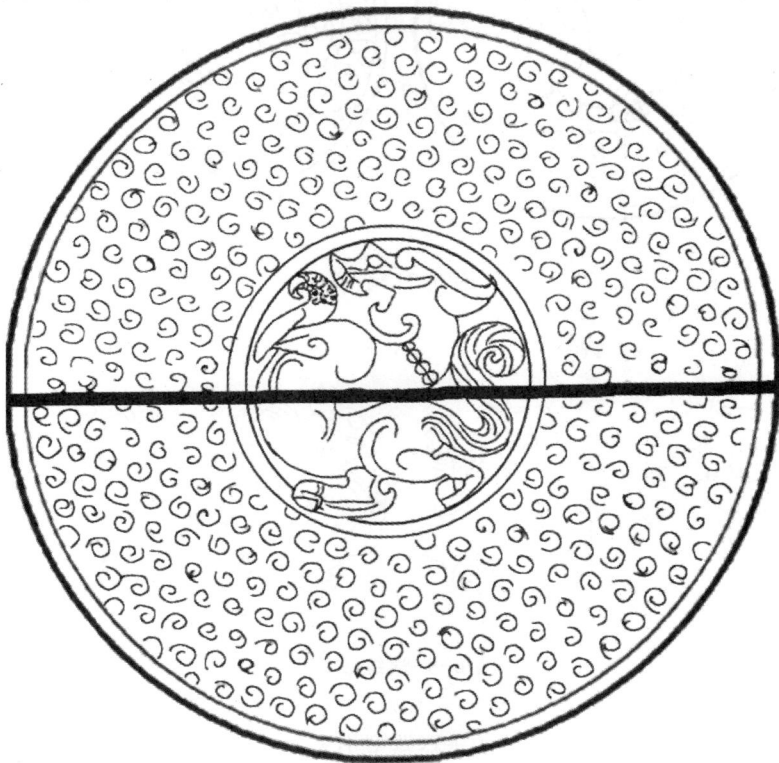

图 6-6　玉镂雕螭龙合璧　战国

故宫博物院藏

从纹饰上分析，这件合璧的螭纹头部下巴呈斧头形，上唇翘起，眼睛上有眉角，与战国时期玉器上的螭纹头部不符合，无法找出可以对比的战国器物和纹饰，战国螭纹头部嘴口为平切口或卷曲口，眼睛至嘴上角带卷曲云纹，这一特征延续到西汉。

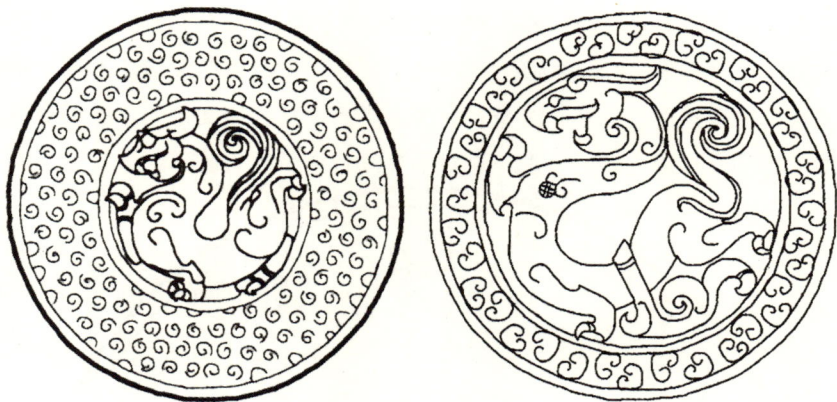

图 6-7 螭 纹

1 螭纹玉璧　西汉　　　　　　　　　2 虎纹玉瑗　东周
广州南越王墓出土　　　　　　　纳尔逊·阿特金斯博物馆藏

图 6-8 螭纹纹饰

1 故宫旧藏　　　2 海外馆藏　　　3 南越王墓　　　4 个人收藏

　　目前考古出土内廓带螭纹的玉器器型不多，最有代表性的是广州南越王墓出土的玉螭纹璧（图 6-7-1），有明确年代，可以作为标准参照器物。

　　故宫镂雕螭龙合璧（图 6-6）的纹饰和图 6-7-1 螭纹有相似之处。

　　在故宫玉镂雕螭龙合璧的纹饰上，有海外馆藏东周虎纹玉瑗（图 6-7-2）纹饰的痕迹，该器系民国金村出土，年代纹样都不确定，作为标准器物有失偏颇。

　　故宫玉镂雕螭龙合璧的纹饰有西汉玉器的特点，玉璧上装饰谷云纹，内廓装饰螭纹。

但其螭纹（图 6-8-1）纹饰是三条腿，螭尾上卷，顺时针；海外馆藏（图6-8-2）螭纹也是三条腿，螭尾上卷，顺时针；南越王墓螭纹（图 6-8-3）是标准器物，四条腿，螭尾上卷，逆时针；个人收藏（图 6-8-4）螭纹四条腿，螭尾逆时针。图 6-9 的螭纹和南越王墓的螭纹相似。

三条腿的螭纹，战汉时期的玉器上很少见。战汉时期出土的侧面纹饰中，螭纹大都是四条腿，未见过侧面三条腿的。正面造型的螭龙纹饰是有三条腿的，上海博物馆藏的螭纹玉剑珌上的螭龙就是三条腿，第四条腿隐藏在侧面。在云中搏斗的螭虎螭龙一般处理成穿云螭纹，这时可见三条半腿的螭纹，半条腿隐藏在云中或被遮挡，以弧形弯曲线条表示。1954 年衡阳市蒋家山 M4 出土的东汉蟠螭纹鸡心玉佩上的正面螭纹，肩部以弧形线条表示腿部纹饰。

螭纹有正面造型和侧面造型，战汉时的玉匠已经完全掌握视角差异，也已经掌握呈现这些差异的工艺，侧面完整造型大多四条腿，正面雕刻和浮雕螭纹会出现三条半腿部的现象。

单螭尾出现在战国至西汉时期，西汉末期，螭纹尾部出现双螭尾，图 6-8-1 玉璧上的螭尾和图 6-1 玉璧上的螭尾相似，单尾向下卷曲，螭尾的卷曲能看出神态气势上的强弱，向上卷，气势强，向下卷反是。

螭虎脖子上用圈纹装饰，战汉玉器上的螭虎一般都用线条来表现脖子上的鬃毛。广州南越王墓中出土的双凤出廓螭纹玉璧上，螭虎用线条来表现脖子上的鬃毛，凤鸟用圈纹。

故宫玉镂雕螭龙合璧中的螭纹，从位置看，第三条腿没有踩实，腿部虚立；从神态看，以目前器物雕刻的视觉角度，感觉应该有的两条上肢合并成了一条腿，前肢弯曲缩紧，后肢脚尖着地，像是踮着脚尖走路，尾巴向下夹紧，似小偷蹑手蹑脚，没有一丁点昂首阔步的气势和威严，如果从纹饰分析，缺的是一号腿，肌肉纹饰应该是二，四号腿的，在纹饰上存在重大错误。

从上面的分析，可以看出故宫玉镂雕螭龙合璧不是西汉时期的作品，应该是近代仿品，如果是清宫旧藏，应该定为清仿汉，与玉螭凤云纹玉璧的年代相近。

图 6-9 螭纹玉璧 个人收藏

美国纳尔逊·阿特金斯博物馆藏东周虎纹玉瑗也是三条腿，缺了一条腿，缺的是第三条腿，前身稳重，后半身虚空。结合螭纹头部形态分析，年代更晚，以器物出现倒卖的时间来推算，应该是民国时期的仿品。

看这些纹饰的时候，假设用自己的身体来模仿这些纹饰所呈现的动作，就会发现这些纹饰犯的错误是很低级的，战汉时期能呈现视觉角度的差异，明清时期却没有视觉角度的观念，这是纹饰和审美的退步。

综上而言，故宫旧藏玉镂雕螭龙合璧应该是清仿汉。

海外遗琛玉器的真伪

战汉时期，厚葬成风，事死如生，甚者卖身葬父，考古发现的战汉墓葬出土文物很多。由于厚葬，甚至僭越礼制，影响国家经济，引起统治者的关注，管仲破厚葬，汉文帝也下诏"厚葬以破业，重服以伤生"，汉成帝后，朝廷为了阻止吏民逾制厚葬死者而多次颁发诏书，东汉明帝诏书说："百姓送丧之制，竟为奢侈，又车服制度恣极耳目，有司申明科，禁宜于今者，宜于郡国。"经过长时期的遏制，厚葬的现象得到改善，西汉末期的墓葬中出土的器物明显减少，这一时期的器物风格简约。东汉时，社会动荡，生活窘迫，厚葬之风终消失，东汉时期墓葬出土的器物较少，民间墓葬以陶瓷为主，少见玉器和青铜器。

台湾故宫博物院编辑的玉器名录中有十件海外遗琛玉器，虽然这些玉器都经过专业机构的鉴定，但其真实年代有待拷疑。这些玉器大多是民国时期流散出去的，以民国时期金村出土为最多。

十大遗琛玉器中，乳丁纹玉璧（图6-10）现藏于美国佛利尔艺术陈列馆，高26公分，其形制是出廓螭纹，装饰乳丁云纹。

乳丁纹玉璧是民国时流出去的，这一时期是玉器仿制的高潮，仿制品大多流到海外博物馆，解放初期，考古出土器物比较少，清宫留存又有限，为了研究和探索古代社会的历史人文，就把民国时期流落出去的器物都当成标准器物来参考，于是发生许多误判。

乳丁云纹是东汉时的纹饰样式，根据纹饰，这块玉璧的年代只能在东汉，是否到代，需要对比东汉时期的螭纹来辨明。

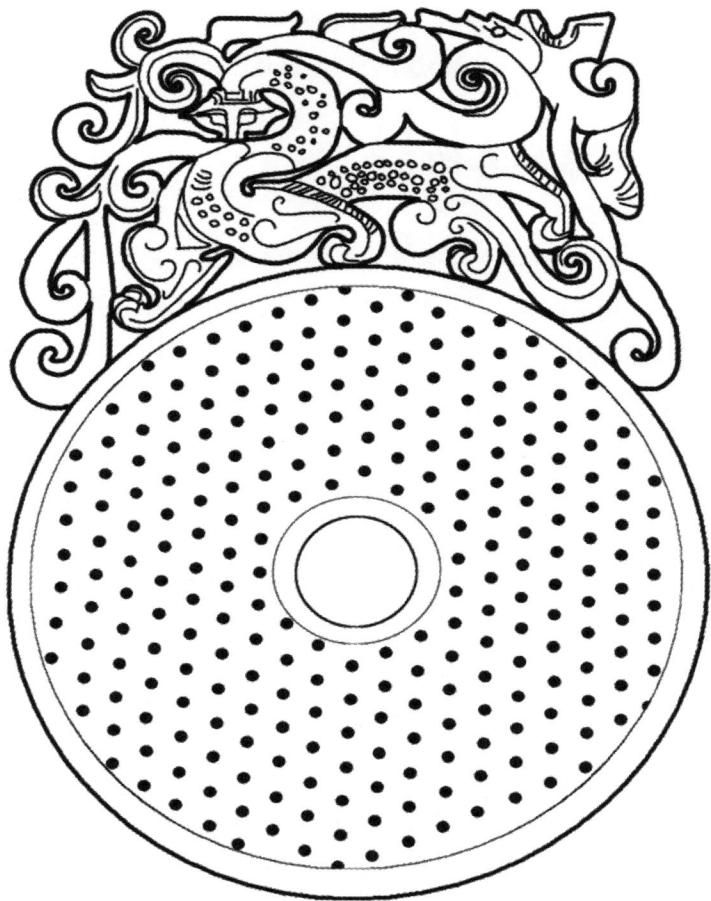

图 6-10 乳丁纹玉璧 汉

海外遗珠玉器

　　乳丁云纹玉璧上的主体螭纹还能辨认，但整体出廓纹饰比较混乱，螭纹头部呈现三角形，头颈连接处类似断裂，前腿肥大，头小，腿大，比例失调；螭尾看不出单双；东汉玉器上的螭纹双尾，前尾短，后尾长，螭纹双尾的线条是连续的，前面共用一小段，分叉后形成一前一后的卷曲；乳丁云纹玉璧的螭尾与两汉玉器上的螭纹完全不同，双尾长短不分，分叉点错位，看不出是单尾还是双尾。

　　认定其是单尾，则西汉中期之前还没有乳丁云纹，同一器物上出现乳丁云纹和螭纹单尾，不协调，所以，这个螭纹只能是双尾。

图 6-11 出廓玉璧　东汉

1 "宜子孙" 玉璧
扬州老虎墩出土

2 "延年" 出廓玉璧
咸阳市周陵乡新庄村出土（复原图）

　　螭纹头部的鬃毛发散出去，形成另一个螭龙头部的纹饰，很混乱，以发散出来的螭龙纹饰进行分析：螭龙下巴不是斧头型，而是卷曲型，卷曲的下巴一般出现在东周和西汉前期，参照出土于河南省三门峡市上村岭虢国墓地的的玉龙形佩，该佩断代为春秋。螭龙的上嘴唇也不翘卷，看不见牙齿，螭龙眼睛雕刻出来了，但耳朵不知道在哪里，头部垂下的鬃毛挂到主体螭纹的尾巴上去了，造成螭尾单双不分。从纹饰上看，螭龙纹饰是东周时期的风格，乳丁云纹是东汉的风格，同时出现，年代上相互冲突。

　　东汉出土的螭纹玉璧上很少见到侧面螭纹，螭纹都正面全身出现，所以，螭纹的侧面造型是个错误。

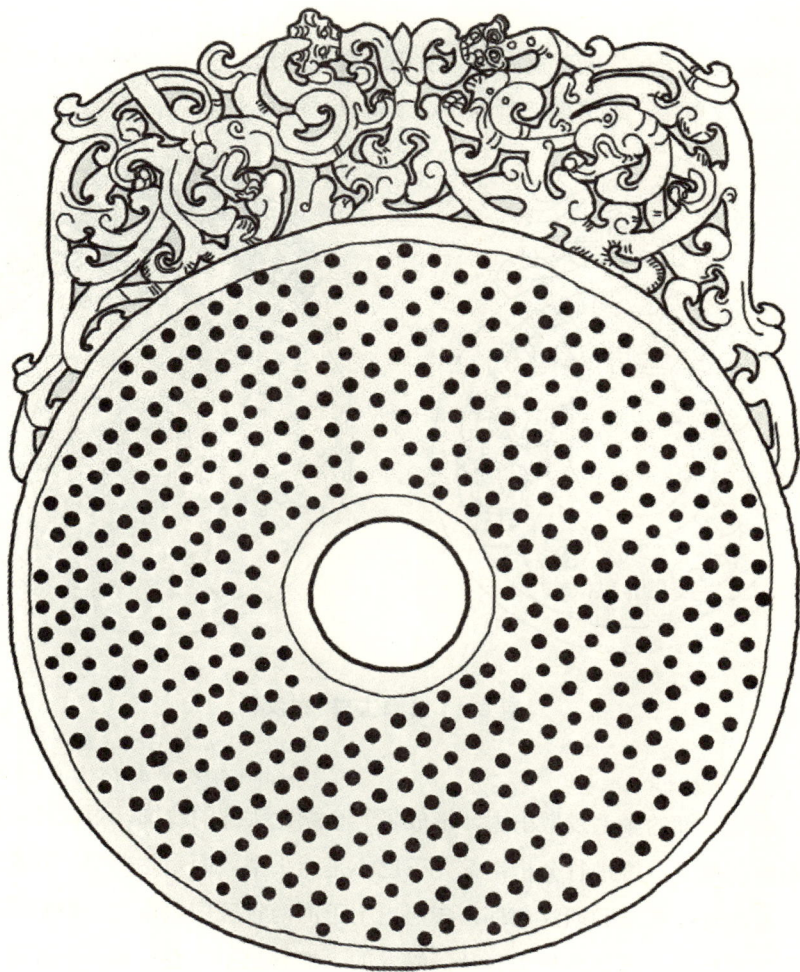

图 6-12 双螭出廓乳丁云纹玉璧

河北省定县北庄六焉墓出土

　　东汉出廓玉璧出土比较少，东汉时朝廷强调薄葬，出土的玉器本身就比较少，大致如下：广西合浦黄泥岗 1 号墓出土出廓带字玉璧，出廓占器物大部分；河北省定县北庄刘焉墓出土过双螭出廓乳丁云纹璧(图 6-12)，纹饰繁复；1982年青州谭坊镇马家冢子出土东汉"宜子孙"出廓玉璧，白玉质地，做工精湛；定州市北陵头村西东汉中山穆王刘畅墓出土了东汉中山国二龙衔环谷纹大玉璧，器物比较粗糙；扬州老虎墩出土了东汉"宜子孙"玉璧(图6-11-1)，出廓里外相衬；陕西省咸阳市周陵乡新庄村出土的东汉"延年"出廓玉璧（图6-11-2），现藏于咸阳市博物馆。玉璧下半部残，左侧螭虎带翅膀，螭纹中带翅膀，纹饰线条较多。

图 6-13 螭纹形态纹饰

1 海外遗琛玉器　2 扬州老虎墩出土　3 咸阳市周陵乡新庄村出土　4 青州谭坊镇马家冢子出土

　　用目前已知，出土的东汉螭纹来对比海外遗琛玉器，图6-13所示螭纹中，后三件都为东汉时期出土的出廓玉璧螭纹，图6-13-1螭纹，螭纹头上发散出去有鬃毛，鬃毛再演化出螭龙头部，这是很滑稽的做法；从出土的东汉螭纹（图6-13-2，3，4）后三件的纹饰分析，螭纹的纹饰已经和西汉时期的纹饰不同，螭纹头顶长鬃毛，到后期也有演变成角，四方头，嘴部平切，螭纹有毛发，身体如狮虎，姿态似蛇游（也有人说是壁虎），身体中间用线条刻画脊椎线，腿部鬃毛线条刻画比较多。在出土的六块东汉出廓玉璧中，都是双螭相对，两汉时期的玉器以双螭纹饰较多，少见单螭；东汉出土的出廓玉璧中，有四块带有吉祥文字。"延年"出廓玉璧较为特别，螭纹中出现翅膀，立体雕刻和平面雕刻相互影响，立体雕刻发展出了带翅膀的圆雕动物造型。

　　螭纹以双尾形态出现时，以螭纹头部和身体朝向为依准，第一道螭尾的卷曲方向都向下，第二道螭尾反向延伸卷曲，海外遗琛玉器乳丁纹玉璧中的螭尾向上卷曲，应该看成单尾，单尾纹饰和乳丁云纹在年代不一致，无疑是件仿品。

以器物的出现时间为依据，乳丁云纹玉璧出现于民国时期，倒卖海外，推断为民国时期仿制，通过私人收藏，捐赠流进艺术陈列馆。

这些海外遗琛玉器中，有许多仿品，比如玉马首，也很值得研究。

目前看来，出廓带字玉璧年代都在东汉，尚未见西汉有出现，以 1982 年青州谭坊镇马家冢子出土东汉"宜子孙"出廓玉璧为参照，在字体方面，雕刻出轮廓后，在字中间都用线条描一遍；根据螭纹特征和字体特点，对比故宫旧藏 "长乐"乳丁云纹玉璧，螭纹形态、螭纹纹饰、螭尾特点、字体结构、乳丁云纹等都符合东汉时期的特点，应可以确认是东汉时期的器物，可以作为东汉时期的标准器物，对于故宫的"益寿"玉璧需要重新考证，不能作为参照器物。

海外双螭出廓云纹璧的年代

据资料介绍，双螭出廓云纹玉璧（图 6-14）是民国时期河南洛阳金村出土的，现藏于美国密苏里州堪萨斯市 Nelson-Atkins 艺术博物馆。

金村盗卖的文物，年代大多定在东周；主要年代在周武烈王二十二年（前 404 年）至周赧王四十八年（前 267）；洛阳金村盗挖出土的珍贵文物，铜器、银器、漆器、玉器等大部分文物经过倒卖都流散在海外，现藏于欧美的艺术馆和博物馆中；双螭出廓云纹玉璧是其中的一件。

玉璧上出现三只螭纹，但其螭尾却不同：一双，一单，一断；两汉螭尾造型有单尾和双尾，这件器物居然用了单尾，也用了双尾，如果将其断代确定在公元前 267 年，则这一时期，螭纹处在单尾时期，云气纹还未演变成螭尾；螭纹上的双尾从何而来？纹饰上的单尾和双尾纹饰发生冲突，出现东汉和西汉之间的年代矛盾。

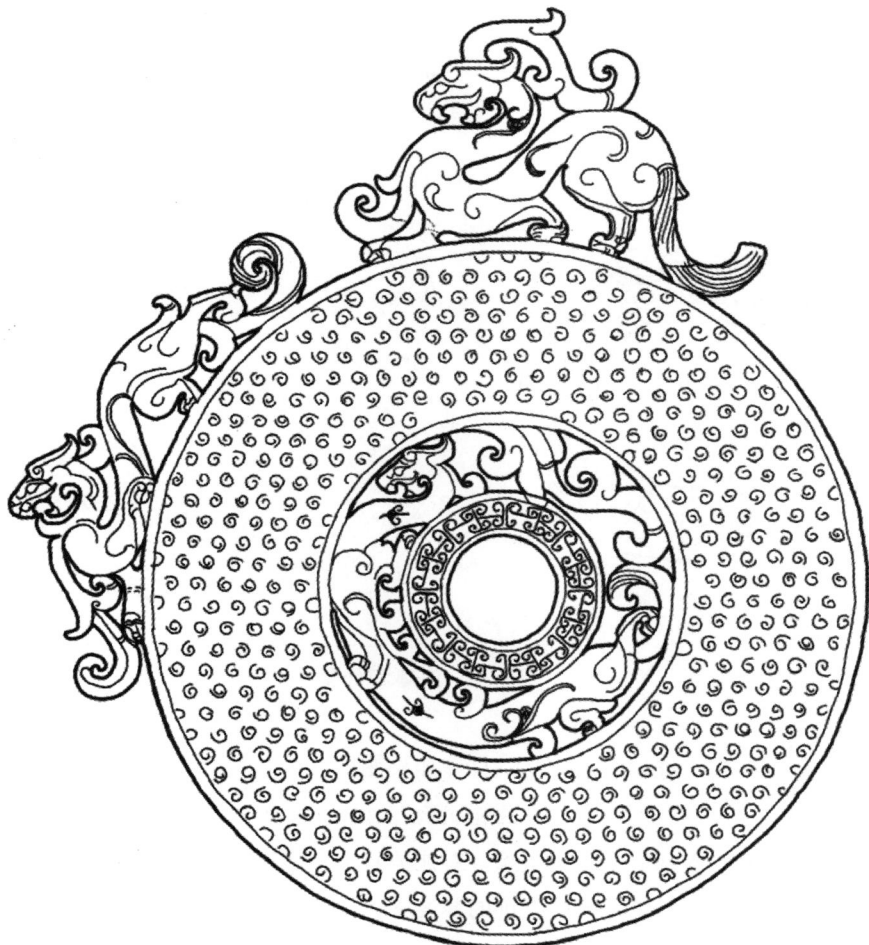

图 6-14 双螭出廓云纹玉璧 战国

美国纳尔逊艺术博物馆

双螭出廓云纹玉璧分四个部分：内环、长身螭纹、外壁、出廓两螭纹。

内环（图 6-15-1），雕琢勾连云纹，这一纹饰的年代大体在战国末期至西汉中期之间，勾连云纹略显局促，欠工整，颗粒分布上未使用"田"字格打磨。外壁（图 6-15-2）采用谷云纹装饰，这一纹饰从战国末期一直延续到西汉末期，加工谷云纹时使用了蒲格纹方式。

玉璧外廓有两只螭纹（图 6-16-1，图 6-16-2），玉璧中间有一只长身螭纹（图 6-16-3）。

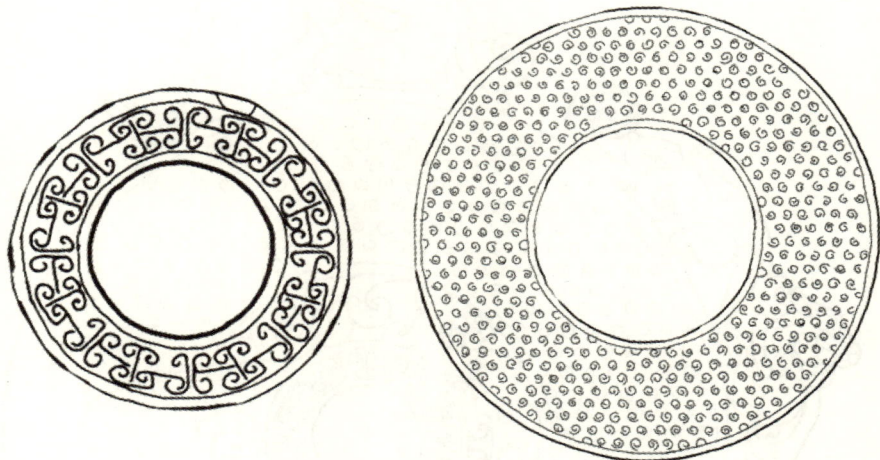

图 6-15 内环和外壁

1 内环纹饰   2 外壁纹饰

从中间的长身螭纹来分析，身体加长变异，单尾，两后腿很别扭，一后腿踩尾，另一后腿落地奇特，后腿肌肉在肚皮下出现，这是不应该的，腹部带鬃毛，螭纹腹部鬃毛下垂现象，对比故宫旧藏螭凤云纹璧，这件螭纹也带有腹部鬃毛下垂的现象，从纹饰的演变来说，螭纹腹部卷曲的鬃毛纹饰由运动带起的云气纹饰演变而来。可以参考广州南越王墓出土的透雕龙凤纹重环玉佩（图 6-16-4）。

长身螭纹背部带鬃毛和云气纹，略显繁多，或许是为了表现穿云题材，螭纹颈部和腹部的草叶纹也很罕见，头部鬃毛卷曲，鼻子到眼睛线条平直，没有鼻孔，没有云气勾卷的纹饰，从螭纹头部造型看，不是战国时期的。

　　战国时期的侧面螭纹都有艺术加工，虎头很少是写实风格的，眼睛前大多带勾卷纹饰。与图6-17-1龙纹玉板上的螭龙对比，长身螭纹的头部不似战国玉器，与图6-17-2螭纹玉璧上的螭纹对比，螭纹头部纹饰有点类似西汉时期的纹饰特点，内圈长身螭纹的上方还有写意流云纹，很罕见，只在广州南越王墓的螭龙扑鸟玉璧纹饰中出现过。

图 6-16　出廓玉璧中的三种螭纹纹饰

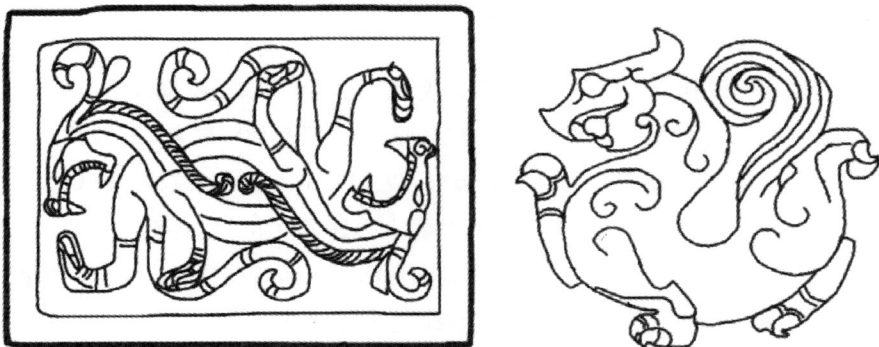

图 6-17　螭纹纹饰

1 龙纹玉板　战国中期　　　　　　　　　　　　　2 螭纹玉璧局部　西汉
河北省平山县南七汲村出土　　　　　　　　　　　广州南越王墓出土

　　双螭出廓云纹玉璧整体已经破碎残缺，两只螭纹出廓，断尾螭纹和双尾螭纹；双尾螭纹总体看似工整，第三条后腿的姿态过于压缩后蹲，和前面长身螭纹的后腿是一个纹样，从螭纹形态来说，腿部纹样应该是一前一后，第三条腿的大腿纹饰是隐藏起来的，看不出肌肉的纹样；广州南越王墓的螭纹

第三条腿只出现下肢和脚掌。

图 6-18 改动螭纹肢腿位置后的效果对比图

1 原纹饰　　　　2 改动后腿的图样　　　　3 改动前肢的图样

　　以现在的纹样看，两后腿肌肉都出现，视觉角度要么是从螭纹的后面看，要么是从螭纹的下面看（趴着看），整个螭纹的屁股都翻转过来，屁股蹲到地上了，这样的造型实在难看，适当改动后腿（图 6-18-2）的纹样，然后对比图 6-18-1 的原纹样，发现改动过的后腿看上去好了很多。这件双尾螭纹，第二条腿也有缺陷，应该站起来，而不是向后横平，两条前腿成一字开，腿都扭断了，图 6-18-3 在原纹饰的基础上修改了前肢纹饰。

　　长身螭纹和双尾螭纹的后腿都出现了相同的缺陷，断尾螭纹是人为故意敲掉的，因为看到前面两只螭纹的缺陷，所以修改腿部的纹饰，但修改后更难看，所以只有敲掉。假设螭纹未断尾，最大的破绽是后腿，这第四条腿怎么放都不合理，怎么放都难看，变成狗尾续貂。第三条腿做坏掉了，应该是侧面微露下肢和脚掌，大腿肌肉不露，不带肌肉纹饰，大腿肌肉应是第四条腿的、这一错误，导致整个螭纹后半边弓起来，重心偏移，移到第三条腿上，第四条腿成了假肢。整体而言，不是尾巴没做好，而是腿没做好，后半部分

都被第三腿占据了，第四条腿的肌肉无法表现，没有肌肉的后腿，怎么雕琢
都不成。从运动姿态说，第二条腿的肌肉表现出来了，对应的应该表现第四
条腿的肌肉，这件器物却表现了第三条腿的肌肉，造成不协调，第四条腿放
不上去了，只有敲掉。这三只螭虎的鼻子没有凹凸起伏，比较罕见，带有现
代写实的风格，更符合现代审美观。从沁色看，这件玉器可能埋入过土中，
以伪造土沁，有些褐色侵蚀，感觉是特殊染色，特别是吃缝的沁色，有做染
的痕迹。战汉时期的玉器沁色大多由地热形成，少见浸染形成的沁色。

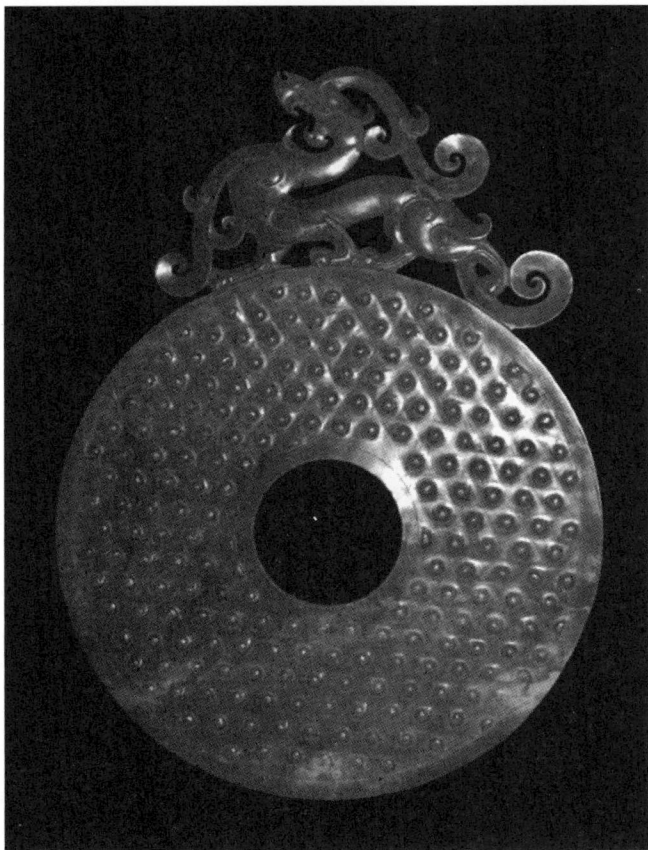

图 6-19 出廓螭龙纹玉璧 个人藏品

图 6-19 玉璧上的螭纹，四条腿很有运动的节奏感，1、3 在前，2、4 在后，一左一右的运动，这是运动的韵律，没有美学基础和雕刻技艺，很难做到。为了表现螭纹侧面的形态，就要营造出侧面视觉角度的效果，所以 1，3 在前，看不见腿部肌肉，2，4 在后，要刻画肌肉，这是从侧面看到的视觉效果，比对有出土记录的螭纹，都是这种神态。

然而，前述四件作品中，包括海外馆藏的许多古代玉器，都少了侧面的视觉角度，总出现 2、3 的肌肉，还出现缺胳膊少腿的现象，忽略 4 号腿的肌肉，第四条腿都成了假肢。玉器纹饰本身就是种审美的艺术，侧面是侧面，正面是正面，扭了拧了都会看着别扭。

双螭出廓云纹玉璧上一共用了三种云纹，三只螭纹，整个螭纹神态比较好，只是细节有些差池。这些螭纹纹饰上的主要错误是把侧面造型螭纹和正面造型螭纹的四肢纹饰混在一起，造成腿部纹饰的错乱，出现四肢不协调。

洛阳金村"出土"的许多古玉都被海外博物馆收藏，有些玉器是到代的，有一大半是仿品，把民国金村出土的玉器作为标准器物应该慎重。民国时期的仿作，特别是金村出土的仿品，是有真品器物为模板的仿制，做假的工匠看到真品，有些形制和纹饰仿制能做到原模原样，经过现代考古挖掘，还能相互印证，因此被许多专家定为真品，仔细推敲，都能发现问题。古玉的仿制难免有破绽，总存在仿不到位的地方。

从晚清到民国，很多玉器流落海外，许多被海外收藏家收藏，在海外拍卖行拍卖，这些所谓高古玉器，有些是真品，有些是残器，有些是老仿，需要仔细考证。清朝律法严苛，盗墓有不同等级的判罚，盗墓是重罪，人文和律法都不允许盗挖古墓；民国时期，虽然战乱纷争，出现许多盗挖古墓的事情，被盗挖、倒卖的文物很多，但是，骗人的勾当也没有少做；研究海外各地出现的民国时期出土文物，是需要很多人的共同努力和考证。

第七章 从金村出土说起

　　河南洛阳金村大墓，位于汉魏洛阳故城遗址东北部孟津县平乐乡金村，1928 年的大雨使金村东周墓葬群意外暴露，引发疯狂盗挖。加拿大人怀履光、美国人华尔纳勾结官员，雇佣当地村民，盗挖出数以千计的文物，经过 6 年盗挖，共发掘出 8 座"甲"字形大墓，出土金银器、青铜器、漆器无数，其中包括九件一套的编钟，五件一套的编钟，错金银的青铜礼器、玉器等一大批极为精美的稀世珍宝。由于盗挖，倒卖，绝大多数文物流散海外，现存于美国、英国、日本、加拿大等国。

　　怀履光著有《洛阳古城古墓考》一书，记录介绍了他从金村盗挖和倒卖出来的文物；书中披露了一些古墓挖掘信息，展示了一些器物的照片。

　　日本人梅原末治编写的《洛阳金村古墓聚英》收录介绍了金村出土的青铜器、错金银器、玉器等 238 件。梅原末治从细川侯爵、嘉纳治兵卫氏、山中定次郎氏、大阪佳友男爵，美国弗利亚美术馆、纽约艺术博物馆、英国伦敦博物馆、法国巴黎卢芹斋、巴黎人类学博物馆、瑞典国立博物馆等处征集了许多金村文物相关的文字资料和照片，编成该书。

　　1946 年，著名学者唐兰发表《洛阳金村古墓为东周墓而非韩墓考》一文，将民国时期金村遭盗挖的古墓群确定为东周墓葬。

　　怀履光和华尔纳在河南洛阳金村以高价收购文物，当地村民受金钱的诱惑和驱使，疯狂盗挖，将文物倒卖给前来收购的商人和博物馆人员，甚至招集各路买家，以竞价方式抬高价格，吸引了境外的许多文物贩子，加拿大人、美国人、日本人，都参与了中国文物的国际倒卖。温索普、弗利尔、克劳弗斯等人都是当时比较有名的收藏家，民国时期流散出去的文物很多集中到这些私人收藏家手里。

倒卖过程中，文物真伪鉴定是个大问题。即使在现代，大型拍卖机构聘请专业人士把关，也难免有仿制品混杂，更何况在民国时期。当时的金村已经是假货横行，村民拿出来的东西，有些是盗挖出来的，有些是仿品，收购商比的是眼力，有些赝品，中国人都不一定能看出真假，对于国外收购商来说，难度更大。《洛阳古城古墓考》一书中，许多文物的断代存在错误。

目前，关于民国时期金村出土大墓的研究结论很多，有观点认为是周天子墓葬，但从形制规格上否定这一观点的也很多。由于文物真假甄别困难，推断其为天子墓或贵族墓，同样有一定难度。

金村出土器物的断代混乱，最典型的是东周器物和西汉器物混在一起，例如玉舞人，从器物形态上分析，明显不属于战国；地域归属混乱，金村青铜立人像，人物造型明显不属于中原地区；银人的真伪也很难考证，有说是胡人，有说是中原人。人物的造型需要同时期同类出土的标准器物作比较，进行印证，金村出土的器物造型，只有少数可与实际考古出土的器物相互印证，有些是出土的，有些是臆造的。在甄别中，需要有正确的文物鉴别知识。

青铜妇人立像

青铜妇人立像（图 7-1），现藏于美国波士顿美术博物馆，铜像高 30 厘米；由于装束酷似美国的印第安人，颇受美国人的喜爱。

该青铜妇人持玉鸟立像。妇人耳朵带环，三环连接，左右都有，衣服式样奇特，用线条刻画，而非浇铸的线条，服饰类似蒙古服饰；从青铜人物的装束、面相分析，立像具有蒙古人种的特点。青铜做棒，双手持棒，棒端各持一鸟，其中一玉鸟带青铜链子，链子上端青铜环穿过玉鸟胸前，跟四环连接，形成五环相链。鸟的纹样，有人认为是商代的，从图片不容易判断。

图 7-1　青铜妇人立像局部 战国

民国金村出土

　　鸟蹲在人前，应该是训练过的鸟，青铜穿环，说明驯养的禽鸟很凶猛，要用这么粗的金属链子锁住。一般用绳子就可以拴住鸟，鸟很难承受金属的重量，要用金属链子约束的禽鸟应该是鹰隼。中国目前还有训练鹰隼的地方，从辽宁到云南都有，都在边远村落，不在大城市。大山或者草原适合驯养鹰隼；而东周王城当时的地理环境不具备驯养鹰隼的条件。这件器物应该是从蒙古或者北方地区盗挖出来的，在金村倒卖的。不管从哪个方面看，青铜妇人持玉鸟立像的人物造型和器物造型都不同于中原地区的器物。

　　但目前无法就青铜铸造工艺进行判断，笔者还需要进一步考察其铸造工艺和铸造痕迹，观察其详细纹饰，玉鸟胸前的青铜链子倒是有说法。

　　链子的铸造，看似简单，其实复杂。现代人铸造铜环可以拿铜条弯个圆圈，焊接缺口，再打磨（也可不打磨）；也可弯成圆圈，留缺口。这些圆环上的缺口，就是伪造的痕迹，从青铜圆环缺口大体能判断出制造的年代。商周到两汉时期的铜环，采用合模浇铸工艺浇铸完成，浇铸完成后，再把圆环两边的漏浆打磨光滑，浇铸水平有高低，圆环的粗细也不同。仔细看，圆环上都有打磨过的痕迹；有未打磨过的西汉铜环，漏浆痕迹明显。

　　从玉鸟上的链环看，要两个铜环相连，就要一个圆环套一个圆环地去浇铸，比较麻烦。穿在玉鸟身上的圆环浇铸不了，模范浇铸，必须要有放模具的缝隙，玉鸟穿孔的缝隙不足放陶范，不能浇铸，这是关键问题。只可能用铜条，穿过玉鸟后弯成圆圈。出土的西汉青铜锤外面装饰的饕餮衔环，都使用合模铸造工艺铸造完成，用铜条弯曲成圆环，圆环缺口的连接很难处理，必须再用浇铸缝合。战汉至明清都没有这样的青铜焊接技术，目前出土的商周青铜器物中没有用铜条弯成的圆环。如果该玉鸟立像的工艺是铜条穿过玉鸟，这就值得质疑。

图 7-2　圆环链接　　晋、秦、楚

　　链子的式样也有问题。咸阳博物馆收藏了一件精美的铜链梁钫，器物出土于咸阳塔儿坡。这件器物上的青铜链子的工艺很典型，浇铸青铜链子的时候，采用一个模具多点浇铸一次完成，节与节的连接圆环相差九十度角，圆环采用正正反反的方式，形成节与节之间的圆环错位连接，从中间灌浆，这样就形成两个圆环一节。这比一个圆环一个圆环的连接更简洁，两周时期的青铜链大多使用这种环节连接方法。山西太原出土的春秋晚期鸟形尊上面的铜链使用同样的连接技术和方式；湖北省九连墩 2 号墓葬出土的铜炉（M2：W332）两侧带有很长的青铜链子，也采用这种连接技术，采用一正一反九十度角圆环相错（图 7-2）的连接方式。铜链梁钫、鸟形尊和铜炉，三件器物的链子铸造工艺相同。

秦、晋、楚虽然在年代，地理位置上存在不同，但青铜链子的铸造工艺是一样的；商周时期带链子的青铜器很多，各大博物馆都有，秦朝青铜链子的环扣连接方式有好几种，但没有使用圆环接圆环的链子。直到民国，怀表上的链子还是用环节连接的做法，延续了战国时期的链子式样。

关于玉鸟穿环，青铜可以铸造好了镶嵌玉器；玉器琢磨好了再浇铸青铜，不太可能，高温会导致玉器膨胀碎裂，还会出现玉器烧白现象。从技术上说，只能先在玉器上钻孔，然后使用铜条穿过，再弯曲成圆环的做法，这种做法显然有违背青铜铸造工艺。

在玉鸟上加青铜链的做法，在现实中根本行不通，不管是鹰还是隼，都承受不了青铜悬挂的重量，即使只有五节圆环，青铜本身的比重就大，而且五节圆环似乎只是部分，禽鸟承受不了铜链子的重量，艺术来源于生活，既然现实中不存在的东西，这样的工艺手法就存在问题。

在分析青铜妇人立像的时候，衣服上的纹饰、式样，人物的面相，都异于中原地区的器物，中原地区出土的器物中根本找不出可以对比匹配的器物；玉鸟系挂的青铜链子，式样是战汉时期器物上从未见过的；玉鸟胸部穿过的青铜圆环工艺也是值得质疑的。

战国错金银狩猎纹镜

战国金银错狩猎纹铜镜（图 7-3），日本永清文库藏，直径 17.5 厘米，出现在怀履光所著《洛阳古城古墓考》中，是民国时期金村出土流散出去的中国文物。装饰有中国历史上最早的骑士搏虎纹饰，这是目前所见出土器物中最早的人物纹饰青铜镜；是公认的真品，被日本视为国宝，在近代一个世纪里，被许多资料引用作为论据。

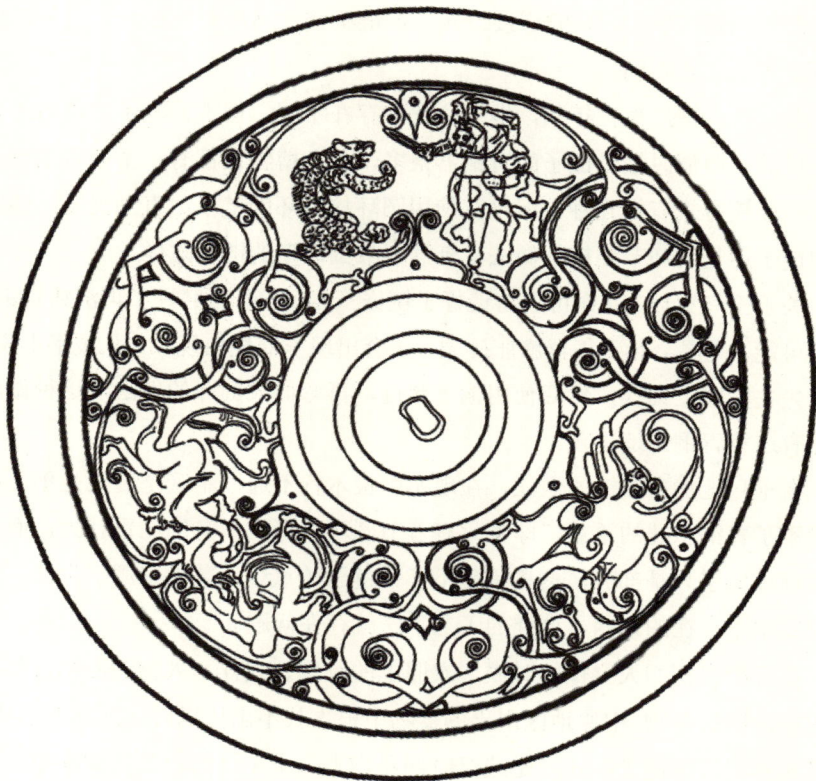

图 7-3　金银错狩猎纹铜镜　战国

民国金村出土　日本永清文库藏

　　历史资料中的胡服骑射是参照骑士搏虎图绘制的，从现有资料展示的服装着手研究是行不通的。马的形态，人物形态，都是其他器物上未见过的，这些资料将从未考证过的器物和纹饰作为范例，造成研究上的障碍。

　　该镜镜缘突起，镜面平直，镜子的式样和形式符合战国时期镜子的特点，金银错狩猎纹铜镜的样式具有战汉时期的特点，镜面采用鎏金和错金银工艺，用这样复杂的工艺，只为了做一面假镜子，在情理上不能接受。

图 7-4 金银狩猎纹镜局部　骑士斗虎纹

首先，镜子上的小钮很奇特。

战国时期铜镜的青铜钮有三铉纹，镜钮呈拱桥式样，上面凸出三道铉纹，这种样式一直沿用到西汉前期。从西汉至东汉，镜钮改用半球形穿孔。战汉时期镜子上的镜纽，铸造工艺比较复杂，一般用二次浇铸，很难模仿，以至于明清至民国都没出现过类似的镜钮，从技术上来说，达不到战汉时期的工艺，在镜钮式样可知，战国金银错狩猎纹铜镜的镜钮式样明显不同于已知的战汉时期的铜镜镜钮。

战国金银错狩猎纹铜镜的镜钮是半圆环式样，西周铜镜上有过类似的镜钮，但西周没有鎏金工艺，鎏金工艺出现于春秋以后。镜钮的式样和鎏金工艺的时间错位。

其次，镜面的纹饰可以划分成三个区域，三个区域中间分别以两个相连的"回"形纹饰分割，呈现"8"字形，"回"形纹饰有夔龙纹的说法，三个区域中分别有骑士搏虎纹饰、两兽搏斗纹饰和仙鹤纹饰三种不同的纹饰，两兽纹、仙鹤荷叶纹，出土器物中从未出现过类似的，没有出土纹样可以参照。

骑士搏虎图（图7-4）上，马鞍前垂下一绳索，似乎是一个黄金点缀的马镫。有观点认为马镫最早出现于北魏时期，有人说在西汉的壁画中就有马镫，这种说法还不能确定。马镫的前身是游牧民族栓大脚趾的绳子，西汉前期汉人从胡人那里学来马镫，陕西咸阳杨家湾汉墓出土的修复马俑中就有彩绘胡人骑马俑，马身上有蹬脚索具，同时期出土的汉兵马俑马身上却没有蹬脚索具，胡人和汉人的马具装备明显不同。到了北魏，正式的马镫出现。考古挖掘出土的秦兵马俑中，装备齐全的马俑身上没有任何飘垂的绳索和踏脚绳，所以，有蹬脚索的器物最早不会超过西汉。骑士搏虎纹饰上的马镫是个败笔，没有马镫，很难分辨真假，反正纹饰谁也不认识。学界对马镫的研究是最近几年时间才开始的，民国时期仿制的人并不清楚马镫出现的时间。制作纹饰时，想当然地在马鞍前添上飘下带弧形斜线的吊坠物。

湖北省云梦县睡虎地出土的秦武士斗兽纹铜镜，镜面上有人物和斗兽纹饰，对比发现，武士的差异很大，秦武士头上是发髻，骑士搏虎纹饰上的武士头带瓜皮小帽，帽子上插两根羽毛。

以帽冠式样来分析，和新疆吐鲁番苏贝希古墓出土的木头帽子可以比较，这种木头帽子也叫冠帽，有鱼鳍木冠和八字分叉木冠两种，男的戴鱼鳍木冠，女的戴八字分叉木冠，犹如头顶上的两只羊角。新疆岩画上，女性头戴分叉木冠，载歌载舞，在今天的新疆，帽子上的八字分叉冠饰演变成女性小帽上的两条装饰带。苏贝希古墓的年代早于战国，根据纹饰和服饰的延续和传承性推想，帽冠上插两根羽毛的装饰风格不太适合战国时期的男人。战国时期出土过许多玉人，河北平山三汲乡中山国 3 号墓葬出土的玉人，头上装饰两只羊角造型发饰，头顶装饰分叉明显。羊角式样的玉人器物出土很多，人像都为妇女。山西长治韩墓出土的青铜立人像，头顶鱼鳍冠，延续了新疆古墓的帽冠特点。战汉时期流行平头小帽，瓜皮式样的帽子未出现。如果金银错狩猎纹铜镜为战国时期，而骑士人物头上出现分叉冠饰，这样的服饰是不能作为参考依据的。

青铜镜在各个时期的镜面处理工艺不同，战汉时期镜面需要磨制，镜面的锈蚀和氧化程度也会不同，白银磨制的镜面，银氧化后会形成黑漆古。战国金银错狩猎纹铜镜背面错鎏的银露出白亮色，或许已经人为除锈过了（如果银没有氧化的话，就必然是近代品）。

用黄金鎏青铜，由于金稳定性特别好，不容易氧化，铜绿不会跑到黄金上面。该镜背面鎏金银，镜缘经过鎏金处理，铜锈跑不上去，镜子的整个边缘都应该呈现金色，而不是现在的铜绿锈。已经除过锈，却不清除镜子边缘的铜绿，明显刻意留下斑驳，从照片看，镜子边缘鎏金上面残留的铜绿明显是人为的。

战汉青铜镜很少满身铜绿锈，有的甚至若干千年出土后仍然光亮如新。制作青铜镜，镜面用白银磨制后还需用树漆烘烤，镜子正面有树漆保护，青铜镜本身具有合金特点，含锡量大小不同，背面部分有些还有使用涂锡的做法，形成氧化保护层，使得镜子千年不锈蚀，出土后，正反面光亮如新。

青铜合金的铸造工艺很好，含合金元素的不同，产生的锈蚀也不同，即使锈蚀，大多从合金里面锈起，由于外面有树漆和氧化层的保护，造成内部体积膨胀，形成从里面爆裂开的锈蚀，这是鉴别战汉青铜镜真伪的方法之一。

该镜的纹样线条繁杂，工艺复杂，用了点金点银，错金错银，还用了鎏金银三种工艺。点，就是在器物表面钻一个小点，填进金银，形成发亮的小点。错，就是錾刻线条，填进金银丝线，压实，搓亮。鎏，水银金或纯银镀在青铜表面，形成鎏金鎏银。出土的西汉点金银器物，大都有金银脱落现象，不见完整的点金银。金属的膨胀系数不同，青铜随年代而产生膨胀，金的稳定性好，不容易变化，时间一长，在青铜膨胀过程中，造成点金银的自然脱落。该镜上的点错金银无一点脱落，很不符合常理。

以战国金银错狩猎纹铜镜纹饰为依据，马镫出现的年代要提前到战国，这和实际考古出土器物相悖。从镜钮式样、马镫图样、人物帽饰分叉、青铜材质的锈蚀和青铜膨胀率等因素考虑，这是民国时期制作的镜子。

战国玉琉璃镜的鉴别

战国镶嵌琉璃铜镜（图 7-5），纹饰、工艺非常精美，民国金村出土，民国时期流散出去，现藏哈佛大学艺术博物馆。

仅从镜子的式样分析，战国镶嵌琉璃铜镜，镜面平直，断代可为战国或者西汉前期。

然而，从镜子的锈蚀看，镜子正面铜绿比较厚，铜绿延续到镜背，其锈蚀程度与战汉时期出土的青铜镜完全不同。战汉青铜镜的铸造材料含锡量高，可千年不锈，青铜镜正面涂银、上漆，背面有些涂锡，整个镜子表面有一层保护层，铸造镜子的青铜本身是合金材质，从不会出现满身铜绿，更不会形成满身铜绿锈蚀，一般锈蚀从器物内部生成，向外爆裂，形成爆锈。

到了明清时期，由于不再使用合金铸造工艺，出现了单纯使用黄铜作为镜子的原材料，明清出土的镜子常常出现满身铜绿锈蚀的情况。

从工艺的复杂性看，镜子背面用琉璃做钮，蜻蜓眼做纹饰，青铜鎏金，镶嵌素玉环，外加镶嵌绞丝纹玉环，工艺非常复杂。

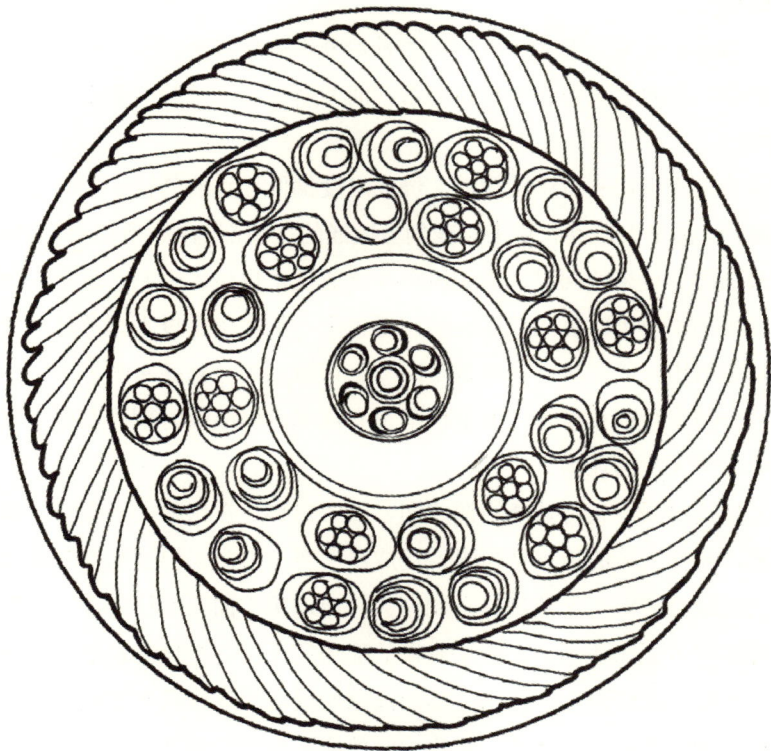

图 7-5 镶嵌琉璃铜镜 战国
民国金村出土 哈佛大学艺术博物馆

最早的绞丝纹出现在良渚文化时期的玉镯身上，战国中期也有绞丝纹瑗，所以很难根据绞丝纹来断代。

钮外面有一圈旋纹，用水银兑黄金来鎏金，从图片判断，也可能是黄金镶嵌，如果从工艺的角度判断，应该是青铜鎏金，使用黄金镶嵌成本太高。

琉璃源于西亚，最早出现在古埃及，玉石之路的贸易往来，琉璃随着贸易进入中原。琉璃的材料很特殊，中原和西亚造琉璃的材料不同，西亚的琉璃含纳钙，中原琉璃含铅钡，可以用现代科技测定琉璃中的铅钡含量，判断琉璃的出处。

山西长子县牛家坡 M7 墓、山西长治分水岭战国墓、河南省固始县侯古堆一号墓、山西太原市金胜村赵卿墓、河南淅川徐家岭等地都出土过西亚琉璃蜻蜓眼。

这些蜻蜓眼烧制得比较粗糙，烧成温度偏低导致琉璃料未完全熔化，很容易破碎。吴王夫差剑和越王勾践剑上镶嵌的琉璃都含钙，所以有学者认为，蜻蜓眼从西亚传来的同时，烧制原料和烧成技术也传入中原。镶嵌在剑格上的琉璃很小，出土时有些已经脱落。考古中，从未出土过大型片环状琉璃蜻蜓眼，金村出土的这面镜子应该是唯一。该镜上的环状蜻蜓眼很大，纹饰复杂，六个圆组合成花瓣状，分割错落很有规律，但战国时期的制作工艺尚无法完成制作大片的琉璃。

制作蜻蜓眼，先将琉璃烧溶成团，点上白料，在白料上点蓝料，形成白色圆圈，制作大片的琉璃蜻蜓眼，烧成温度要求很高。出土的西亚琉璃蜻蜓眼的烧制温度过低，导致破碎，制作大片琉璃所需的温度还要高几百度，这是当时的技术无法达到的，西汉时期的琉璃还无法完全烧溶，战国时就更不可能达到这一烧溶温度。已出土的西汉原始瓷器上可以看到堆釉装饰，当是玻璃料在炉膛中被完全烧溶，瓷窑炉膛外达不到这个温度。

以蜻蜓眼做镜钮，这是独一无二的。这样的蜻蜓眼，战国时期的镜钮上从未出现过，战国时期的青铜镜钮多为三弦纹钮，未见半球式样。镜钮的六角造型跟西汉时期的星云镜镜钮很相似，如果镜钮的式样是从星云镜子演化而来，那么式样和年代就对不上了。

青铜和琉璃是两种材料，经历 2500 年，各种琉璃装饰与青铜的粘合不脱落，这是不合理的。青铜锈蚀，会造成粘合材料的脱落，两种材质的膨胀系数不同，时间一长，都会造成脱落，越王剑和吴王剑是小颗粒镶嵌，都出现脱落；即使有粘合剂，长时间溶解或分解，也很容易造成脱落。该镜子上的粘合工艺复杂，有蜻蜓眼的粘合，镶嵌玉环素片的粘合，大片环状蜻蜓眼环的粘合，再加上绞丝纹玉环的粘合，这个镜子的断代如果成立，则其粘合技术将成为举世无双的典范。

镜钮的作用是方便提拿，用的时候要穿绳子，提拿时整个镜子的重量都集中在粘合点上，长时间使用，都会造成脱落，一脱落，镜子上镶嵌的玉片和琉璃就会破碎；如果战国的粘合技术能使琉璃和青铜千年不脱落，则战国至西汉所有的青铜钮都可以使用这种粘合技术，不再需要二次浇铸，这也将是颠覆传统观念的创新。

绞丝纹玉环上的沁色也有问题，出现褐色，褐色沁缝隙，说明是液体侵蚀，镜子的铜绿很严重，与镜子接触的绞丝纹玉环上没有青铜锈蚀造成的铜锈绿沁，却出现铁锈的褐色沁，这不合情理。很明显，镜子和绞丝纹玉环分开做的锈和沁色。

如果要进一步确认镜子的年代，可以请专业琉璃研究机构分析镜子的琉璃成分，进行权威的琉璃测定报告，测定粘合剂的成分。

再看金村

金村的出名，是因为盗挖和倒卖出现了大批的文物，更因为国际文物贩子的参与。这一时期，全国各地盗挖出来的文物都拿到金村倒卖，金村成为国际文物贩子的盗买市场，赝品充斥，民国时期的文物仿品大多集中到金村。挖墓挖多了，也能成为半个文物专家，多少具备文物鉴别能力，挖墓没有做仿制品容易，带着这些学识投身仿制行业。由于有出土器物为摹本，他们制作出许多高仿品，民国时期的仿制品，仿制水平之高，远远超过现代。

　　宋人最早仿制古玉，文人雅好，崇尚古玩，有需求就有买卖市场。此后，仿制古玉的技术就一直发展，明清继承了这种仿制技术，力求形似，再加以各种做旧。到清朝乾隆年间，仿制技术水平已经非常高超。

　　民国盗挖的猖獗，出土品的丰富，为仿制技术带来变革，以自由创新为主，力求风格的相似，这种做法提高了仿制品的艺术水平，也符合战汉时期艺术创新的思路。境外文物贩子的大量需求，为仿制工艺带来了蓬勃生机，新颖、大胆又不失古代风格的纹样不断出现，玉器造型也自出机杼。"乱花渐欲迷人眼"，这时候的仿制品，很难鉴别真伪。

　　解放后，为了创造外汇收入，曾对海外出口了一部分高级仿制品和文物复制品。这一时期，没有真品流落出去，所以，以外贸商品来辨别古玉真伪的做法不可取。

　　破四旧，把文人的雅好统统湮灭，破除了封建迷信，"文革"动乱，所有文物经历一次浩劫，连真品器物都难保全，仿制技术失传。80年代后期改革开放，古玩市场复苏，仿制工艺再度出现。玉器仿古方面，虽然有专业文博人士指导，大都停留在器物形态仿制上，没有民国时期的风格创新；做旧技术各自研究，高低各不同，深入者不多。古玩需求日盛，也不需要很高的技术，仿制品都能卖出去，主要就是因为古玉收藏爱好者的鉴识能力不足。

　　近二三十年，河南洛阳一带的仿制又开始兴盛，全国闻名，这是有历史传统的仿制，叫河南造。玉器仿制方面，安徽蚌埠很有名气，叫蚌埠造。近几年，徐州坯县地区的盗挖比较严重，出土的汉代器物相对较多，民间仿制有出土器物作依据，许多高仿品上了电视都被鉴定为真品，这也促进造假工艺的发展。现代做假中，有错金银，还有真金真银作假，鉴别者更容易上当。

　　瓷器、青铜相对容易识别，还是有许多人走眼，玉器识别起来相对困难，民国时期的仿品让人乱花了眼，许多仿品都被当成真品，假做真时真亦假了，参照仿品建立起来的鉴定标准当然要怀疑，这也是古玉市场乱象的一个源头。当然，即使仿得再像，真的永远是真的，假的，即使陈列在博物馆里，也永远是假的，这些民国时期的高仿品大都在国外博物馆里陈列着，述说着它们的故事。

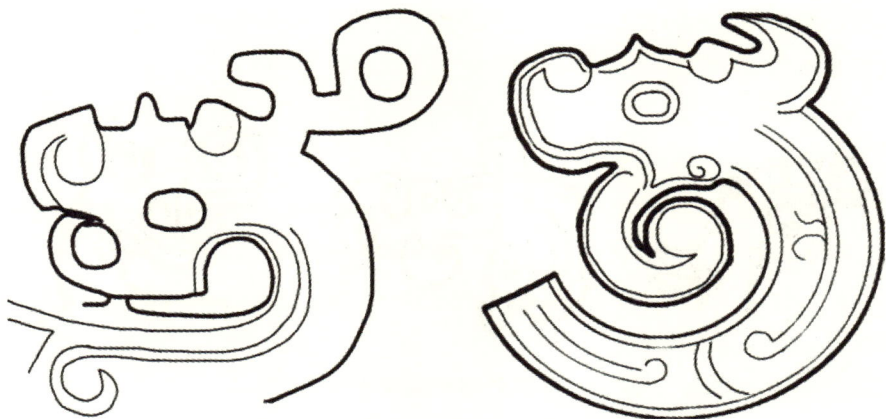

图 7-6 龙纹造型

1 西周人龙佩中的螭首造型 　　　　　2 龙形玉佩　春秋
山西曲沃县晋侯墓出土 　　　河南省三门峡市上村岭虢国墓出土

金村出土玉器，既有真品，也有赝品。

金村"出土"的玉器，不少器型是东周时期的，纹饰风格大多是汉代的，这说明金村的墓葬年代很复杂，有春秋时期的，也有西汉时期的，出土器物涵盖的年代跨度比较大，间接证明了洛阳的繁荣和兴衰。战汉墓葬都深埋地下，土层很深，东周时的墓葬基本按照礼制规定的等级下葬，到了西汉，厚葬比较多，出土的器物也比较杂乱，对金村"出土"器物进行断代比较繁琐。

两周时期的螭纹头部造型，可用山西曲沃晋侯墓地出土的西周人龙佩中的螭首造型（图 7-6-1）和河南省三门峡市上村岭虢国墓地出土的龙形玉佩（图7-6-2）来分析，鼻子上卷，形成卷云纹，眼睛上方突起尖角，有耳，或有带鬃毛。两周时期的玉器上常见这样的螭纹。

战国玉器的螭龙纹饰变化比较多，以 2006 年荆州市马山镇濠林村四组院墙湾 1 号墓地出土的玉器为例，战国玉器，螭纹头部式样多变，眼睛以小方眼睛或小眯眼做纹饰。头部纹饰虽然各有不同，主要变化出现在鼻子部位，这几件螭纹的头部纹饰中（图7-7），在眼睛前面，鼻子部位上都存在有卷曲云纹，螭纹鼻子上的卷云纹一直延续到西汉前期，具备这一特征的螭纹玉器大都是战国时期的。

图 7-7 两周时期的螭纹头部造型
荆州市马山镇濠林村四组院墙湾 1 号墓出土

战国玉器上的螭纹，虽然上嘴唇有变化，不过大多数器物会在鼻子部位装饰卷云纹，可以参看河北平山县中山国战国玉器。这只是粗略概括，还要对比那些过渡纹饰，美国纳尔逊美术馆藏羽纹龙凤佩上的螭龙头部纹饰，鼻子前部没有卷曲纹，下巴是战国螭纹嘴型，这件玉器很可能处于战国与西汉纹饰过渡时期。

西汉时，螭纹头部（图7-8-1）带眉角，螭纹鼻子上的卷云纹演变成上唇上翘，这是纹饰上的延续。

分析螭龙头部纹饰，可抓住显著特征确定其大体年代，把春秋、战国和西汉区分开，还可根据玉器的整体造型、头部变化鉴别玉器所处的具体年代。

金村盗挖器物大多为战国时期的，年代跨度比较大，春秋和西汉时期的器物混杂。器物对应的具体年代，需要详细区分；河南省三门峡市上村岭虢国墓地出土的春秋时期玉器，可作为春秋时期的标准器物，荆州区马山镇濠林村濠林院墙湾 1 号墓出土的战国玉器，可作为战国时期的标准器物。对照金村出土器物的纹饰，特别是螭纹的头部，金村出土器物中符合春秋战国玉器特征的仅占总数一半不到。

　　金村出土中，还夹杂许多汉代器物，要鉴别金村出土的西汉玉器，可以
抓住西汉时期的螭纹纹饰来分析，考古出土的西汉器物比较多，可以作为标
准参照器物的器型比较多，安徽天长地区出土的西汉衔尾玉龙环，徐州狮子
山楚王陵出土的龙形玉佩，广州南越王墓出土的玉器（图 7-8-1）都可以用作
标准器型来进行螭纹头部特征的比对。螭纹上嘴唇有角，眼睛上方出现眉角，
这是西汉时期螭纹的共同特征。

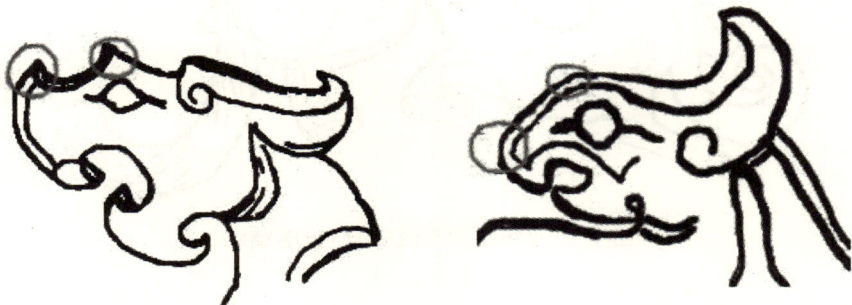

　　　　1 西汉时期　　　　　　　　　　　　2 民国金村出土

图 7-8　螭纹头部对比图

　　金村"出土"玉器，大部分问题出在螭虎头部，没有出现西汉时期螭纹
玉器的特征，西汉时螭纹的头部眉角凸起，上嘴唇向上翘起，嘴角弯曲成弧
形，上颌，下颌都呈现斧头性；这些大多是金村"出土"玉器没有的。

　　金村出土器物（图 7-8-2）上的螭纹头部眼睛前没有卷云纹，跟春秋，战
国纹饰靠不上，外廓纹饰类似西汉却又没有西汉的典型特征，螭纹头部没有
眉凸，上嘴唇不翘，眼睛上部直线到鼻子形成直角往下了，这比较接近现代
的审美观，少了汉代螭纹应有的夸张和棱角。

　　基于上述特征进行分析，金村"出土"玉器上有大量头部没有眉凸，上
唇不翘的螭纹，证明都是民国时期制作完成的仿制品，以双螭出廓玉璧（图
7-9）最为典型。

　　平头直唇的螭纹头部，基本出自同一个地区的作坊，有的做得好，有的

图 7-9 双螭出廓云纹玉璧 出廓螭纹
民国金村出土

做得很差，目前海外博物馆陈列中，还有螭纹前肢下跪的玉虎，老虎能前肢下跪，这是超现实的纹饰，仰头张嘴，或许这些造型是刻意的，便于区别真假，或许是师傅传下来的时候没有传好，审美观的不同，造成民国臆造与西汉艺术夸张之间的区别。

战国玉双舞人组佩

战国玉双舞人组佩（图 7-10）出土于洛阳金村，长约 42 厘米，现藏于美国弗利尔美术馆。

郭沫若曾经研究过战国玉双舞人组佩，认为："古人制器偏重保守，而玉佩尤关于礼仪，举凡奇风异俗必不易采入。此玉佩以霓龙为冲牙双璜，足征其保守；而以长袖盛鬐之舞姬为双珩之饰，尤足证此种习俗必已成为礼节而失其奇异者也。"（《金文丛考》"释亢黄"）。

图 7-10 战国玉双舞人组佩 民国金村出土

　　该组佩于民国时期流散国外，断代为战国，对于这一串的组合，出现在许多资料中出现，它的组成有金属链子一条，玉管勒六个：项链上方三个，项链中部对称两个，项链下方悬挂一个；管勒采用平面线条勾连云纹。组佩中玉双舞人一件，龙纹玉觽一对，玉连体双龙佩一件。

金属链子的工艺复杂，用小环扣串接而成，这样的串接需要高超的技术，放在战国或者西汉时期，是超出当时工艺水平的。秘鲁出土的最早的黄金链子是用一颗一颗黄金管珠串起来的。中国出土的年代最早的黄金器物是三星堆太阳神鸟金箔，用黄金敲打成薄片制成。陕西省宝鸡市益门村出土的春秋时期的金络饰，也用一颗一颗长条形管珠串联。春秋时期，出现黄金拉丝工艺，主要用于器物的镶嵌和点缀，黄金工艺逐渐成熟，出现鎏金工艺，考古出土过秦始皇三十三年造的鎏金刻花银盘。西汉时期有马蹄金、黄金印、牌饰，其中的金银器物大多以鎏金的形式出现，没有见到出土黄金项链。东汉时期，湖南长沙五里牌东汉墓出土黄金项链，由三种不同形状的 193 颗金珠串组而成，采用的是金珠串联的工艺。

黄金做成丝条，有两种工艺，一个是把黄金压成薄片后裁剪成丝条，另一种是把黄金拉成细丝。

战国玉双舞人组佩中的这条黄金项链工艺是个问题，工艺应是用黄金拉丝，把金丝一小段一小段掐断，再按特制模型掐丝，圈成圈，几个圈合在一起，点焊连接在一起，需要成千上百个这样的小圆环连接在一起；战汉时期的工匠是否掌握这种工艺是个问题，比芝麻还小的点焊需要非常高的温度，虽然汉代已经出现掐丝和使用吹管的焊缀技术。但考古发现中并未见战汉时期有类似的黄金项链，国外出土过公元前3—4世纪的黄金拉丝缠绕形成的装饰物，仅用了拉丝缠绕工艺。南北朝时期，出土器物大多使用掐丝和焊缀这两种工艺做成的黄金珠子，没有出现单独掐丝焊接做成的链子。

从黄金焊接技术和工艺手法看，这个链子应该是后配的，这要从出土的战汉组佩来分析，陕西韩城出土的西周玉组佩，三门峡市虢国墓地出土的五璜联珠组玉佩，山西晋侯墓地31号墓出土的六璜连珠玉组佩等，凡是目前有考古挖掘记录的玉组佩，都没有用黄金项链穿挂的，考古出土时大多散落在四周，穿挂的线绳都已经腐烂，从江西明朝万历洪门益王家族墓群益端王墓出土的玉组佩残件来看，到明朝，还是用绳子穿挂的；所以，这根黄金链子是不可信的。

玉舞人的年代，通过前面纹饰的发型比较，应该出现在西汉时期，玉舞人下面悬挂的三件螭纹玉饰，在年代上也不是属于战国，螭纹头部形态不是战国时的螭纹特征，眼睛前面没有卷云纹，螭纹身体上带勾连云纹，勾连云纹是秦到西汉中期的纹饰；从这些特征看，玉舞人下面悬挂的三件螭纹玉器明显不是战国的；联体双龙玉佩下巴呈斧头形，龙纹玉觿螭纹头部有眉角，这些特征比较符合西汉时期的螭纹造型。

既然黄金项链是装配组装上去的，玉器组合中剩余的三件玉器难免不是装配的。

图 7-11 联体双龙玉佩

1 广州南越王墓出土　西汉　　　　　2 民国时期金村出土　战国

先看联体双龙玉佩，同类器物具有可比性，广州南越王墓出土的联体双龙玉佩（图 7-11-1），民国金村出土的联体双龙玉佩（图 7-11-2），对比两件联体螭纹，明显可以看出金村联体螭纹（图 7-11-2）身体上的勾连云纹混乱不堪，纹饰不够规正，螭纹存在明显差异，螭纹前肢出现单腿，比标准器物少了一条腿，形成空档，这个空档用头上挂鬃毛的方式来填充。

金村制造的玉器有一些共同特征（图 7-8-2），典型的如鼻子的直角，民国金村出土的联体双龙佩即是如此，这与西汉螭纹的斧形上下颌对不起来。

综合勾连云纹，螭纹形态和纹饰，这件联体双龙佩应该还是民国金村制造。

图 7-12 龙纹玉觿 民国金村出土

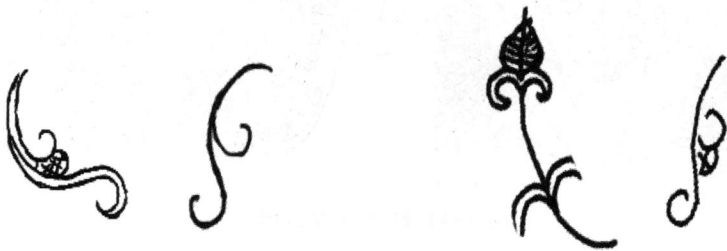

图 7-13 螭纹身体上的纹饰

1 广州南越王墓出土   2 民国金村出土

　　龙纹玉觿（图7-12）值得分析，这一件的纹饰相对联体双龙佩就规整了
许多，其谷云纹纹饰饱满，螭纹身体上带有鬃毛，类似缠枝花卉纹枝条带花
朵（图7-13-2），这是西汉器物上比较罕见的纹饰，西汉的螭纹都用线条来表
示鬃毛（图7-13-1）；螭纹头部眼睛上面有眉毛，而考古出土的螭纹眼睛上都
没有眉毛，不排除使用双阴线雕刻技法突出阳线眼框的技法；螭纹以侧面造

型出现，但现出单腿，单腿螭纹玉觹纹饰，在出土器物身上也是不曾见到的，这件龙纹玉觹身上有许多西汉玉器上不常见的纹饰，因此颇似民国金村制造。

战国玉舞人组佩的佩挂方式也很奇特，佩挂起来后，玉双舞蹈人不是出现在佩戴者的胸前，而是垫背，起不到装饰作用。从链子工艺、纹饰、佩挂形式分析，战国玉双舞人的链子、下面悬挂的三件螭纹玉器和玉舞蹈人不是同一时期的。

东周王朝的真相

公元前 770 年，周平王东迁洛邑，这一时期，天子的势力还不及诸侯，为了扩张地盘，诸侯们纷纷以保护天子为出兵征战的借口。天子仅是摆设和道具，一个没有势力，没有财力的空架子，但还是平衡各诸侯的平衡点。

2002 年 10 月，河南洛阳市中心的东周王城遗址上施工建设的"河洛文化广场"五号车马坑出土了六驾马车，这明确说明这个墓葬的主人是周朝的天子，《周礼》："天子驾六马，诸侯驾四，大夫三，士二，庶人一。"驾六的出现，明确了墓葬的规格等级。1957 年，中科院考古所洛阳工作队在王城中的小屯发现四座相连的"甲"字形大墓，出土了一件石圭，上用墨书写"天子"二字，墓葬经盗挖。天子用"甲"字形大墓，显然和身份不符合，石圭是以石代玉，周朝的天子已经没有实力建造"中"字和"亚"字形墓葬，也没有财力置办陪葬玉器，连代表身份的玉圭都换成了石圭，显然，周王室已经穷途末路。

目前，史学界对于金村东周墓葬的身份争议不断，一派依据史料和典籍，认为周考王封其弟于河南，建周公国，但这时的周考王连保护自己国土的能力都没有，周威烈王死时，王城已归属西周公国，周王室在成周西北金村一带另外规划一片王陵区。《水经注·洛水》："周威烈王葬洛阳城内东北隅，景王冢在洛阳太仓中，翟泉在二冢之间。"目前，翟泉村这个名称还在沿用，河南省洛阳市孟津县平乐镇翟泉村，与金村毗邻，向东是金村，向西是太仓村，距离洛阳市中心 18 公里，金村出土的墓葬，有观点认为是周威烈王以后的几位天子；此时的周天子已经完全被架空，根本没有国力和财力，徒有虚名，能否出土有价值的，能证明身份的陪葬品？这是很难证实的。

另一种争议，主要根据民国金村出土的器物来进行考证。据记载，墓 V，其中一座被盗掘的墓葬中，铜盘内盛石圭，另一件盘口沿有"国君"二字铭文。"国君"与"天子"是两个不同的身份等级，一个代表了周天子，一个是代表封地国君；金村出土的器物数量非常之多，文物种类非常丰富，已经没有国力和财力的周天子使用大量陪葬品的可能性非常小，有封地国君的实力明显超过天子，拥有大量陪葬品成为可能。

不过，两派都未梳理和整理金村出土的器物，也都未鉴别过其真伪。

东周时期的墓葬方式和器物特点，解放后陆续有考古出土记录，以最近几年陕西韩城梁带村芮国墓地比较，这是当时的一个小诸侯国，从考古挖掘简报看，年代大约在春秋早期，出土物品有金器、玉器、青铜器等常规类型；山西长治分水岭发掘过三十多座墓葬，年代从春秋晚期延续到战国末年；河南辉县固围村考古挖掘过三座战国中期大墓，河北平山附近有两座战国中期的中山王墓；这些墓葬都出土了许多精美的文物，以出土文物进行横向比较，同时期的文物，在器型和纹饰上，具有类比性和延续性，以出土的标准器物和金村出土器物进行比较，可以发现，金村"出土"的很多文物非常奇特，出现很多异于同时代常规的器型。

金村出土的大多器物已经流散在海外，给考证工作带来很大障碍，追讨这部分文物时，需要有理有据的详细考证。

文物的鉴定繁琐细致，没有确实可信的依据，切不可盲目偏信，民国金村出土的器物，是否可信？解放初期建立起来的文物鉴定依据是否可信？这是需要重新考虑的。

第八章 玉石之谜

　　玉石文化内容丰富，尚未解决的问题很多，例如，和氏璧的材质，夜光杯的奥秘，和田玉的包浆，"闻香"能否识玉，等等。

　　纹饰是玉石的重要表象，包含了古人对宇宙的认知。龙纹饰的演变是中华玉文化的重要内容，揭示龙纹演变过程也是玉石研究的一个重心。

和氏璧的推理

　　和氏璧是有书证的传世古玉，书证记载的历史故事大多情节曲折，但并未为该玉的材质鉴定提供合理的证据，其故事更少有逻辑，不耐推理。

　　楚文王元年（前689年），有个叫卞和的老人在荆山脚下（今湖北南漳西）恸哭不止，官吏前来查问，卞和说自己搂着的大青石中有良玉，但两次向楚国君王进献均被斥行骗，前后遭刖刑相继失去双腿，因而伤心至极。官吏将信将疑地把大青石运到都城，玉匠剖开，果然看见晶莹奇石。刚即位的楚文王端详着用它雕成的璧，满心喜欢，遂起名"和氏璧"。从此，和氏璧一直收藏于楚国宫中。

　　这则故事叫作"卞和泣玉"，出自《韩非子·和氏》，主人公其实是愚忠，但和氏璧的历史价值却很重要。

　　楚文王之后，和氏璧广为人知，过了三百多年，该玉落入赵惠文王手中。《史记·廉颇蔺相如列传》记载，秦昭襄王听说赵惠文王手中有和氏璧，愿用十五座城池交换。当蔺相如将璧送到秦宫，秦昭襄王却食言不践约；蔺相如机智地夺回璧，带归赵国。这是典故"价值连城"和"完璧归赵"的来由。

秦始皇二十五年（前222年），秦灭赵，得和氏璧。翌年，秦始皇建起中国历史上第一个封建王朝，用和氏璧制成御玺。这枚象征权力的御玺"方四寸"，玺文由丞相李斯书写，篆书，形同龙凤鸟，由著名玉匠孙寿镌刻。据《汉旧仪》记载，玺文有八字——"受命于天 既寿永昌"。

至西汉，和氏璧成为传国玺，代代相传。汉平帝元始元年（前1年），哀帝刘欣病死，幼帝登基，和氏璧由皇太后代管。王莽篡位自立前，派堂弟逼皇太后交出和氏璧，皇太后气得将传国玉玺掷于地，说："你们兄弟逆悖天理，不会有好下场！"王莽拿到和氏璧，发现被砸掉一角，命玉匠用黄金镶饰。新莽政权垮台时，和氏璧一度挂在赤眉义军首领的头颈上；东汉初年，和氏璧重回宫内。

最后一个掌握和氏璧的皇帝是五代后唐末帝李从珂，后唐天福元年（936年），石敬瑭攻陷洛阳，李从珂和后妃自焚，所有御用之物投入火中，和氏璧从此神秘失踪，其下落众说纷纭，莫衷一是。

依照历史故事，和氏璧价值连城，在战国时就值十五座城池，后变成传国玉玺，得到它的人即是真龙天子，成为皇帝的信物，和氏璧从传国玉玺转变成天命信物，拥有和氏璧就拥有帝王的最高权利。

从玉石收藏文化的角度看，这些都是故事，无法据此判断古玉的首要的问题——材质。

首次应用近代自然科学方法研究和氏璧材质的是章鸿钊（中国近现代地质学奠基人之一），他有划时代学术巨著《石雅》，根据唐末道士杜光庭《录异记》中有关"和氏璧"的记载"侧而视之色碧，正而视之色白"推断，和氏璧可能是由月光石、拉长石、绿松石、蛋白石、碧玉、软玉、蓝田玉、玛瑙这八种材料中的一种制成的。之后将近一个世纪的时间里，后辈学人基本上都是围绕着章老先生的观点展开探讨。

　　湖北省地矿局工程师郝用威（1986 年）、浙江宝玉石研究所教授袁奎荣（2001 年）都支持"拉长石"说。袁奎荣教授用月光石复制出和氏璧，月光石是拉长石的一种，由两种长石混合组成。

　　南阳市委宣传部在 2008 年央视《探寻和氏璧》节目中主"独山玉说"，中国地质科学院退休研究员赵光赞于 2010 年初在《宝玉石周刊》撰文支持"独山玉说"。

　　另外，国家知识产权局于 2008 年以颁发"实用新型专利证书"的方式将河北邯郸杨清藻工艺师设计的中空玉环认证为"和氏璧"作品；作品注重构思，未就材质提出观点。

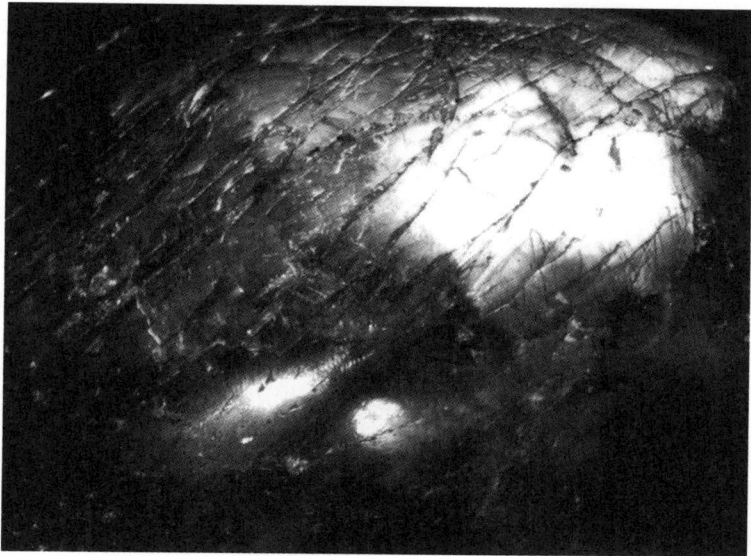

图 8-1　月光石原石

　　中科院博士王春云倾 25 年之心血写成《破解国魂和氏璧之谜：历史篇》和《破解国魂和氏璧之谜：宝玉篇》，他主张和氏璧是超级金刚石。

　　关于和氏璧的材质，众说纷纭，但鲜有人认为其是和田玉。

　　这些主张和观点，动机颇为复杂，有的出于地方经济利益，有的是为了学术争鸣，但都有待商榷。

为了弄清楚和氏璧的材质，不妨从《韩非子·和氏》的故事开始推理。

《韩非子》中说，卞和第一次献石，被认为欺骗国君，砍掉一条腿；换了一个国君，卞和第二次献石，还是被认为欺骗国君，又被砍去一条腿。卞和两次献宝，两次遭刖刑。

假设卞和所献的是拉长石原石，月光石（图8-1），据地矿知识，拉长石的原石没有皮壳，原石本身就有天然耀眼的光线反射，五彩斑斓，原石的光线反射特征十分明显。一个王昏庸，可以砍掉献宝人的腿，不能两个王都昏庸。拉长石的彩光一眼就能看到，拉长石本身就是宝玉石的一种，看到原石的人只有喜欢和不喜欢，不会责人以欺骗之罪。从这个细节推论，进献给王的这块原石不是没有皮壳的宝玉石，应该是外表普通的大青石。拉长石是没有皮壳的彩石，可以完全排除。

从故事中推理，卞和献的是地道的大青石，外表丝毫看不出内有宝玉。南阳玉也叫独山玉，外表看似大青石，卞和献的玉有可能是南阳玉。早在5000年前，新石器时代的古人就使用南阳玉。到了商代，南阳玉已经是比较普遍使用的玉石了，殷墟中有发现这一类玉石。战汉时期，南阳玉的开采和加工技术已经很成熟了，卞和不可能抱着南阳玉去进献给国王。南阳玉具有产地明确、矿藏集中、质地坚硬的特点，找到一块南阳玉，附近就会有很多南阳玉。卞和所献之玉稀贵，价值十五座城池，如果这块大青石是南阳玉，有第一个卞和，就会出现第二个献宝人，会出现人山人海的献宝人。所以，和氏璧的材质不可能是南阳玉，这块进献的原石具有稀罕性。

据推理，玉石外表有坚硬的皮壳，有皮壳的玉石只有和田玉原石（图8-2）和缅甸玉原石。

缅甸的翡翠，很多带有皮壳，外面看起来是普通的石头，翡翠玉石的矿脉主要在缅甸，综合考察缅甸翡翠玉石的出现时间、翡翠玉石的硬度、制作难度，使用的文化背景，缅甸翡翠玉石不会出现在春秋战国时期。唐贞观年成书《大唐西域记》，记述了唐玄奘西天取经的经过和路线；明朝小说《西游记》中记述了唐僧西天取经的故事；唐代，中原到古印度的道路，从陕西出发，一路西行，必须经过今天的吐鲁番，再折向南走。战国时，中原没有直接通往缅甸的道路，缅甸翡翠必须绕经西域才能抵达中原。缅甸玉石的开采和使用是近现代的事情，缅甸当地没有早期的玉石加工行业；翡翠的硬度很高，打磨起来很困难，从当时的加工工艺也达不到，所以翡翠流通的可能性不大。这样看来，卞和所献之玉也不是缅甸翡翠。

带有皮壳的玉璞，只可能是和田玉，和田玉早在商代就传入中原，妇好墓中出土的玉器里就有和田玉，商以后的各个朝代都把和田玉制作的器物作为时尚推崇的奢侈品。目前考古出土的战汉器物中，从陕西到广州，都有用和田玉做成的器物，和田玉本身价值就高，"价值连城"和"完璧归赵"这样的故事，更是推动了对和田玉石的崇尚。

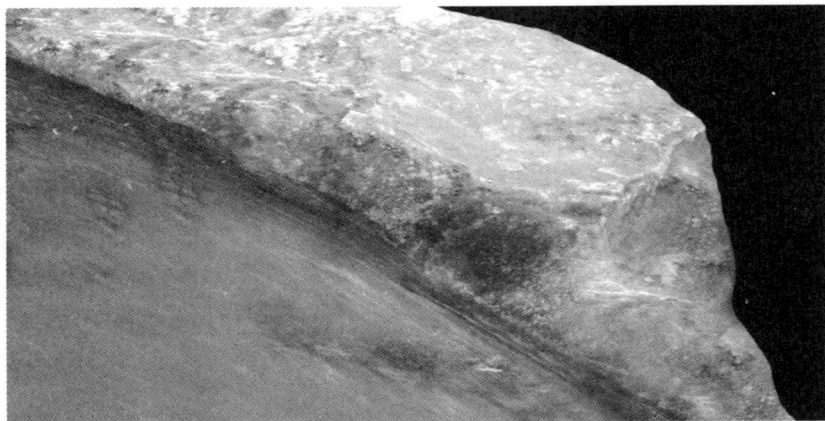

图 8-2 和田玉原石剖开图

故事还引人疑窦，卞和怎么知道这块玉璞里有美玉，只有进献给国王使用？原因只有一个，卞和长期从事采玉工作，经验非常丰富，能辨别带皮壳的玉璞，他坚信玉璞里面存在有美玉。

卞和长期辨别玉石，必须接触大量玉石原石，荆山脚下（今湖北南漳西）

历史上就有大批采玉人前往新疆采玉，近代还有人前往新疆采玉。

有皮壳的玉石，要进献给国王使用，所以应该是一块带皮壳的白玉。

《礼记·玉藻》记载："天子佩白玉而玄组绶，公侯佩山玄玉而朱组绶，大夫佩水苍玉……"古人佩玉，对玉器使用的玉料颜色有明确规定。按照礼制，只有天子才能使用白玉，卞和采到这样一块白玉，只有进献给国王，没想到国王砍了他一条腿。

杜光庭说"和氏璧侧而视之色碧，正而视之色白"，这是目前最重要的依据，有人据此说和氏璧的材质是拉长石，具有光线变化的特点，但厚薄不同的和田玉也能产生这种效果，特别是微带青色的白玉，直视，因为薄，透度好，感觉是白的；侧视，因为厚，感觉带青色；就好比一块玻璃是透明的，几十块玻璃叠在一起看上去就是绿色的。光线的强弱不同，照射角度的不同，都会造成色彩上的细微差异。

卞和到新疆于阗采玉，然后回到荆山献玉，跑这么大老远，可能的推理，是玉工采玉得到上品玉石，回到家乡献给自己的大王，忠君爱国。当时从于阗到中原的道路比较自由和通畅。

因此，从逻辑推理上来说，和氏璧的材质应该是和田白玉。

璧和玺是两种形制，常见的璧都是片件，玺比较厚，和氏璧成传国玺，可能当时只去掉皮壳，依照其形雕成璧；或者切割皮壳后只得到形似璧的坯子，并未真正加工成璧，而后加工成玺，玉玺才是它真正的形制；也可能是玉石切割开后，成了两块，一块成了璧，一块成了玺。

大青石体量挺大，按照古代玉石的加工做法，直接对开，再切片加工，不磨皮和依形雕刻，这就得到几块玉石料，玉玺形制不大，可用切割后的玉石加工，也可以用剩余的块料加工。按照古代玉石加工的方法，玉璧用切片的玉来做，玉玺用块料做，如果大青石够大，加工所得的玉璧应该不止一块。

夜光杯的传说

　　唐代诗人王翰《凉州词》有佳句"葡萄美酒夜光杯，欲饮琵琶马上催"，
这是唐代诗人对美酒和酒杯的喜爱，杯借诗出名，诗借杯流传，夜光杯成了
酒文化的一部分。

图 8-3 白玉杯 个人藏品

　　关于夜光杯的材质，历来也争议不断，中科院王春云博士认为夜光杯是琥珀制成的琥珀杯，目前大多数人认为夜光杯是用甘肃酒泉玉制成的。

　　西汉时东方朔（前154—前93）著《海内十洲记》说："周穆王时，西胡献昆吾割玉刀及夜光常满杯……杯是白玉之精，光明夜照。"这就是夜光杯最早的记载。

　　按《海内十洲记》记载，周穆王应西王母之邀赴瑶池盛会，席间，西王母赠周穆王一只碧光粼粼的酒杯，名曰"夜光常满杯"；顾名思义，在夜光下，当酒倒满杯子时，杯子会发出耀眼的光。周穆王得此宝贝，爱不释手，夜光杯也名扬千古。

　　用玉做杯子，是一种文化。玉器皿出现于商朝，玉杯出现于战汉时期。据说用玉杯喝酒，酒香更浓郁，战国时的人流行吃玉，谣传玉能保健强身，延年益寿，用玉做成的酒杯，即可以喝美酒，又能延年益寿，玉石名贵，玉杯还具备权力和财富的内涵。

　　从字面理解，所谓"葡萄美酒夜光杯"和"夜光常满杯"，杯子会自己发光，许多人都认为杯子用能发光的玉石制成，材料应该是会发光的夜光石。也有人认为是莹石制成的，因为萤石含磷光，自己会发光。

　　还有人认为，夜光杯是用甘肃的酒泉玉制作的，现在酒泉的夜光杯就以酒泉玉为原料。酒泉玉产于祁连山麓的裕固族自治县，质地细腻，纹理天然，或呈墨绿色，或呈绿色。经过选料后，再精雕细琢，把杯壁打磨得蛋壳一样薄，玉杯呈现温润透明的质地。加上绿色条纹深浅相间，形同花纹。杯子盛满酒，放在清澈的月光下，就会闪烁出异样的光彩，很诱人。

　　《十洲记》中说的是白玉之精，怎么变成碧绿色的酒泉玉，既是白玉之精，自然是白玉，选用的玉石透光性要好，是一种带通透的玉石，类似和田玉中的透地冰种。

　　人们忽略了，透光度较好的玉石，也能产生类似发光的效果，透光性好才是产生发光效果的真正原因；把酒泉玉打磨成蛋壳一样薄就是利用了透光性这个特点。

　　要解释夜光杯的发光原理，就要先了解一些物理现象（图 8- 4），当光线以 0° 到正负 90° 从空中射入水中，光线有折射现象，以垂直为 0°，那么在正负 90° 入射的时候，通过水的时候，光线发生折射，折射角都小于 48.6°，当光线从水面上照下去，光通量数值在水面上照射到水下面，这个数量是不变的，水面上的光通量都以正负 48.6° 的角度在水面下密集集中，在水面一半以下看到的光亮大于正常光，水体一半以上是暗的，光线折射不到；当光线从水面上均匀照射下去，所有射入水面的光线通过折射，光线会全部集中在器物下面的 1/3 段上，上面一部分是暗，下半部分是亮的，形成杯子上下亮光的反差，误认为杯子自己会发光。

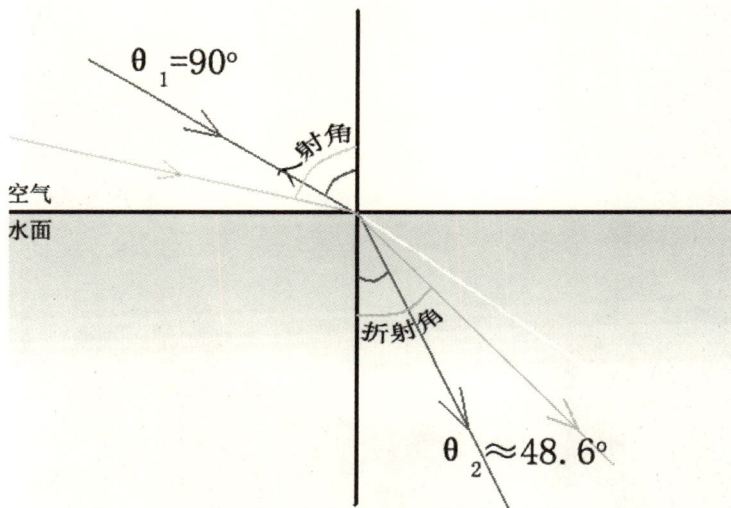

图 8-4 光线折射图

　　用现在的物理知识很好解释，由于光线通过折射，光线密度改变，水面上平均密度，经过光线折射，到水面下，光线都改变角度照射到杯子的下半部分去了，形成光线密度分布的不均匀，杯子下半部分，光线密度增加了一倍。古时候没有电灯，照明使用月光和油灯；"举杯邀明月"的时候，对着月光，看到杯子的下半部分出现增亮效果，当时解释不了这种物理现象，误以为杯子发光（图8-5），一杯酒喝下去了，杯子的增亮效果就消失了；所以有"夜光常满杯"，酒满的时候，才会发光，古时候没有什么透明的器皿，唯一的就是玉质器皿，把玉器皿的器物壁打磨得很薄，就会出现光线折射现象。

简单的光学现象分析就能揭开夜光杯发光的秘密，只要透光度好的器物，都可以借助液体折射形成夜光。

至于夜光杯的材质，毋需争议，有考古出土为依据。考古出土的战汉玉杯很多，1976年陕西西安车张村阿房宫遗址出土秦云纹高足玉杯，1983广东省广州市象岗山出土铜承露盘玉高足杯，1976年广西贵县墓葬出土西汉谷纹玉杯，2010年西安汉宣帝杜陵陵园遭盗挖出土3件高足玉杯，1956年河南洛

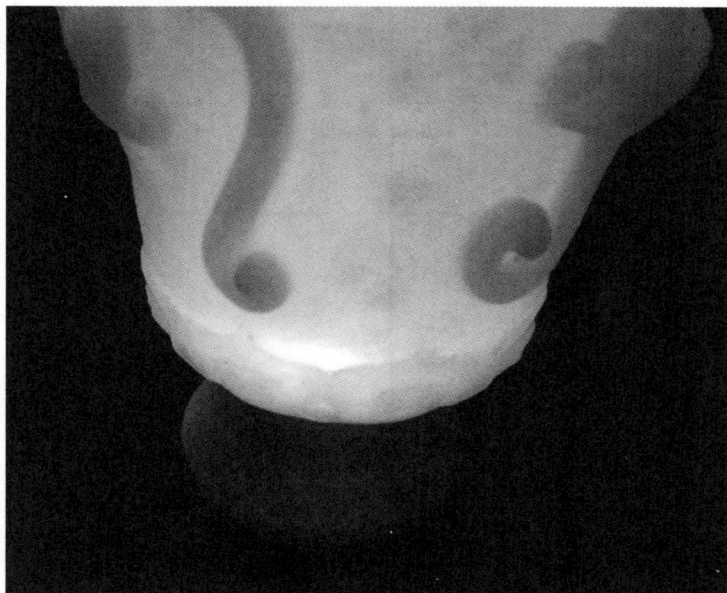

图 8-5 光线折射照射杯子底部的效果

阳墓葬出土三国魏玉杯，还有许多玉器皿，都不用萤石或酒泉玉制作。秦汉时期的玉酒杯、玉器皿，从出土器物可以看出，以和田玉为主要材料，器物

璧很薄，这样，盛满酒，对着夜光，就会出现增光的效果。

古玉的包浆

　　包浆，早先指铜、玉、竹等古玩表面经长期抚摩发出光泽。 清朝的孔尚任在《桃花扇·先声》记载："非玉非铜，满面包浆裹。"《儒林外史》第十一回："这（炉）上面包浆，好颜色。" 现代泛指老器物的陈旧感，老器物经过长期把玩，泛出油脂的光泽；器物经过长期把玩后，手上的汗渍油脂留在器物上，时间久了，器物表面带黑亮老旧的光泽。有用来形容瓷器、竹、木、牙、核、青铜、古玉等老旧古董。

图 8-6 玉璧上的包浆

　　前面几种包浆，主要由人体油脂的堆积形成，古玉的包浆，成因不同。古玉的包浆（图 8-6）非常干净，宛如水晶包的光泽，晶莹剔透，好似玉器表面覆盖一层清漆，也类似胶水干了后，呈现出油亮的反射光泽；包浆形成的光泽不同，年代也不同。

　　战汉时期的玉器可以简单分成两类——丧葬玉器和实用玉器，丧葬玉器：七窍塞、玉握猪、玉蝉等专门用于陪葬；实用玉器有礼器、装饰器、生活器皿等，这一类实用器制作考究、纹饰精美、工艺复杂。

　　现代仿制的实用器物破绽比较多，要仿制好很不容易，包浆、工艺、形态、材质、纹饰、沁色等都要符合，这很难做到，一有差池，就会现出破绽。

　　现代仿制者大多喜欢仿丧葬器，现代仿制的丧葬玉器多利用原石的天然沁色，切割打磨后，不做纹饰，效果很好，分辨起来也比较困难。出土的丧葬玉器，有些有包浆，有些没有包浆，有的器物没有纹饰，遇上没有包浆、工艺、纹饰的器物，两者鉴别起来比较困难。

　　就包浆来说，实用器大多带包浆，不带包浆的器物就可以先排除掉。《礼记•学记》："玉不琢，不成器。"经过精心打磨过的玉器不可能不抛光，抛光是玉器形成包浆的关键。

　　现代抛光，是在玉器上加抛光剂，利用机器抛光，有用滚筒抛光，有用快速电机带动毛刷磨光。古法抛光和现代抛光不同，战汉时期，或者说清之前，都是手工抛光，手工打磨，反复磨擦，直到摩擦出光泽来，有些玉器要求打磨出平如镜的效果。

　　汉代的玉器有"玻璃光"一说，所谓"玻璃光"，宛如玻璃折射出的光亮，玉器形成反射性强光，放开水里煮过，光泽都不会褪去。这种光的质感跟现代用抛光剂打磨出来的光亮有区别；使用抛光剂打磨的玉器，经过烧煮，有些玉器就没有光泽了。

　　玉器一定要有包浆，没有包浆体现不出玉石材质的润泽，玉器的包浆也体现材质的优劣，纹饰再精美，做工再复杂，没有包浆的玉器都没有收藏价值。有人认为，有些玉器长时间侵蚀，带了皮壳，所以没有包浆。这要区分不同情况，战汉的玉器，即使经历千年，只要玉器表皮不出现白色钙化和灰皮，清除黏附物后，都能出现很强的反射光，显现出玉器的光泽和包浆。没有包浆的玉器，不适合收藏和把玩。有些出土丧葬玉器也不适合收藏和把玩，比如七窍塞之类。

　　尽管受墓葬中的腐烂物和水土侵蚀，许多战汉玉器出土时依然闪现耀眼的光泽，这和其打磨抛光技术有关。从形成机理上分析，战汉时期治玉使用打磨技术，慢速摩擦，透闪石表面发生形状上的改变，微小的颗粒变得细长，变成纤维状长结构，颗粒性质不同，反射光的亮度不同，纤维状结构越长，反射光越亮，就好比棉布与丝绸的不同。用高倍放大镜看，缝隙被打磨平，形成平整如镜的表面，现代抛光则是在这些缝隙中加填充料。经过开水烧煮，填充料融化和消失，露出原本的缝隙，玉器就会褪光。

　　现代还使用快速抛光机，不用填充料，用高速电机带动毛刷来抛光，由于高速旋转，玉石表面抛出光亮度，透闪石的形状改变，形成表面强反射光，这样的反射光很耀眼，和手工磨擦出来的光亮有一定的差异，两种反光的区别犹如旧瓷和新瓷的反光差异。古代抛光得到的是镜面反射光，现代抛光得到的是油面反射光。

　　盘摸也是抛光的一种。所谓盘摸，就是把玩，以手汗和面油摩擦玉石，玉石也会光亮，手汗和面油就成了添加剂，沁进玉石表面的缝隙中，形成油亮的效果。还有人用猪鬃捆成团来搓揉玉器，效仿古法抛光，使玉器光亮。不管是盘摸还是猪鬃搓揉，都为了让玉器显现出材质的润泽。

　　一般把战汉玉器的包浆称为"玻璃地"。战汉古玉，在光线作用下，通过侧视，光线反射强度大，会看到类似玻璃反射出的光泽，古代的玉器要经过手工的反复打磨，形成异常平滑的表面，平滑程度跟玻璃一样，看不到丝毫毛糙，在突出的主纹饰外，形成平滑细腻的地子。为了达到这种平滑细腻，玉石表面颗粒状的微小起伏，都会被打磨平，即使经历2000多年，玉器表面经过打磨，形成的表层纤维状长结构没有被破坏，出土后，经过清洗就能出现丝绸般的光泽，不需要盘摸就能呈现出玉器的光泽。博物馆里展出的战汉玉器大都带有这样的玻璃地，对着光就会看到玻璃光的效果。

现代一般用生坑熟坑来区分传世品。生坑指出土后未经过把玩，熟坑指古玉出土后经过长时间把玩，灰色皮壳带了油脂的光泽。现代人仿制古玉，为了冒充生坑，大多用酸碱腐蚀。这样的玉器，不会形成包浆，盘摸时，容易伤身，即使经过长时间盘摸，经过清洗，就会消失。

闻香识玉

俗话说，"有钱难买金香玉"，有人说金香玉是蛇纹石，有人说是香琥珀，很罕见，一致的是，他们都认为金香玉是带有香味的漂亮石头。

严格测定，不管是何种石头，都可以闻到味道，或泥土味，或青草味，或淡或浓。

石头本身没有味道，一般要经过熏染才会带其他物体的味道，就好比茉莉花茶，用茉莉花反复熏染，使茶叶带上茉莉花的香味。但要让石头吸收花的香味很难，可将玉石常年累月浸泡在花香液体中，经历几百年，上千年时间，使香味物质渗透到玉石缝隙中；或者让一些物质起化学反应，才可能让石头带有花香味。

战汉玉器大都是出土的，很少是流传下来的，明清玉器流传下来的比较多。这两种玉器，味道也不一样。

一般的战汉玉器，因为在棺木里，空间相对狭小，长时间暴露在腐烂的气味里，会染上气味，散发出淡淡的棺木腐烂味。玉石带上墓葬腐烂味道；即使经过清洗、长期盘摸，放在密封的小容器中，过一段时间打开，容器中还留有木头腐烂的味道。

这一特性可以用来鉴定玉器是否属于战汉时期，整理出一个密封容器，不带任何味道，小体积，把玉器放进去，存放几个月，然后，开盖闻味，如果玉器到代，会闻到棺木的腐烂味。不到代的玉器不会有这样的味道，有些会闻到酸味。

有些战汉玉器，经过长时间开水烧煮，墓坑酸水浸泡，出土年代比较早，或者原本不是棺木里出土的玉器，等等，诸多原因，导致了玉器吸收的味道不同，这样闻到的味道也不同。

玉猪龙的思考

红山文化牛河梁遗址，距今约 5000—5500 年，位于辽宁省西部的凌源市与建平县交界处，1981 年发现牛河梁遗址，1983 年开始挖掘，出土大量玉器，其中以玉猪龙最为著名。

中华民族有 56 个民族，民系就更多，民系之间还有长期的民族融合，形成丰富多彩的文化生活。红山文化也有自己的特点，催生出玉猪龙这一独特的器型纹饰。

红山文化考古出土的玉猪龙有几种形态：一种为没有大耳朵的玉玦；团身有尾，身体细长，头部类鸟形，定义为鸟形玉玦（图 8-10-2），1979 年内蒙古那日斯台红山文化遗址出土。另一种是带有眼睛和小耳朵突起，嘴型不明显的玉玦，定义为卷龙，现藏中国国家博物馆；最典型是，带大耳朵，团身卷曲，露出獠牙的猪形玉玦。

从玉器发展的规律看，先有器型，有了玉玦，然后才有纹饰，年代越晚，玉玦上的纹饰越复杂。因此，兴隆洼的玉玦，是最先出现的团身玉器，红山文化的鸟形玉玦刻画了动物的眼睛；然后出现有动物头部造型纹饰的卷龙玉玦，卷龙的耳朵不大，再发展出现大耳朵样式的猪龙玉玦。纹饰中，先有动物头形，然后有大耳朵，纹饰逐渐繁杂。

对玉猪龙进行分析：

辽宁建平牛河梁遗址出土的玉猪龙（图 8-7-1），是红山文化最典型的器物，大耳，大眼，有鼻孔，有獠牙，圆身；头部类猪。

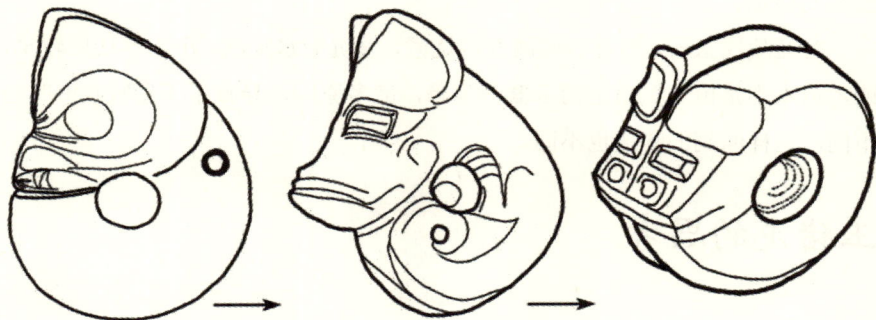

图 8-7 玉猪龙

1 玉猪龙 红山文化　　　　2 玉猪龙 商晚期　　　　3 玉猪龙 西周
辽宁建平出土　　　　安阳殷墟妇好墓出土　　　　河南三门峡虢国墓地出土

玉猪龙的器型是玉玦，这一器型出现很早，兴隆洼的玉玦是目前已知出土年代最早的打磨玉器，是早期装饰器物。兴隆洼文化到红山文化，经过 2000多年。红山出土的玉猪龙，出土时放置于墓主胸前，玉猪龙头部下有系绳孔，带绳索悬挂，适合系挂在脖子、腰、胸等部位上，起装饰作用。

同一地层年代出土了其他玉器，1989 年辽宁省建平县牛河梁第二地点一号冢 21 号墓出土了兽首形玉牌饰（图 8-8-1），这件玉牌饰与玉猪龙同一时期，造型上相关联。大耳朵是两者共同的特征，玉牌饰可以看成玉猪龙的正面展开像；与内蒙古巴林左旗十三敖包乡尖山子遗址地表发现的玉猪龙头部正面像（图 8-8-2）头部特征基本相同，只存在下巴宽度不同。

玉猪龙最大的特点就是大耳朵；大象、猪、狐狸、狼、兔子、蝙蝠等动物都有大耳朵，玉猪龙面部有龇牙的表情，嘴巴露出牙齿，鼻子和眉头中间皱起来，嘴巴向后拉，带凶像，似低吼，很像犬类，猪和狼有獠牙，但猪不会龇牙。猪的耳朵是耷拉的，不向上直挺。从正面看，玉猪龙有明显的鼻孔，两个鼻孔各自分开，中间断开，从鼻孔分析像蝙蝠，耳朵向上竖立，又像狼，总之不像猪。猪鼻子刻画起来最简单，一圆圈点两个孔，鼻孔也不左右断开。

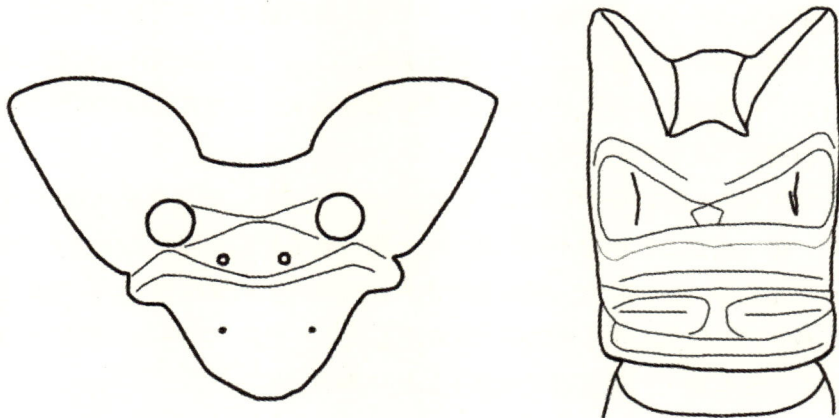

图 8-8　玉猪龙头部正面

1 兽首形玉牌饰　　　　　　　　　2 玉猪龙头部圆雕纹饰

辽宁建平牛河梁第二地点一号冢 21 号墓　　内蒙古巴林左旗十三敖包乡尖山子遗址

　　玉猪龙这一名称，最早见于考古挖掘报告，先民并不如此叫它，器型和纹饰是人类早期宇宙观的体现，早期先民大多喜欢以凶狠勇猛的动物为部落的图腾，猪龙即为图腾，神态勇猛，符合草原文化的地域特征。

　　玉猪龙的造型也是不断演变的，商代殷墟墓葬中出土过玉猪龙，头部造型接近虎头，最后完全变为虎头，纹饰的演变过程非常清晰，头部没有髭须，从红山玉猪龙到商代大耳朵纹饰玉器，殷墟玉猪龙（图 8-7-2），西周时大耳朵逐渐消失，出现老虎纹饰，河南三门峡虢国墓地出土的玉猪龙（图 8-7-3）已是老虎头型；妇好墓出土的团身玉器上可见玉猪龙后期的演化样式，至此，玉猪龙完全可以重新命名为"玉虎玦"。红山文化中出土的玉猪龙，怎么看头部也不像老虎，早期内蒙古草原地区有没有老虎也未可知，这个"猪龙"图腾最有可能是狼图腾。

　　团身，有说取形于胚胎；团身的形态主要和加工工艺有关，年代越远，器物越笨拙；旧石器时代的先民连钻个孔都不会，所以，团身是受加工工具制约而形成的独特形态。

猪龙头部从不出现鬃须，C 龙上的髭须纹饰和猪龙是完全不同的纹饰，C 龙身体形态细长，加工工艺明显晚于猪龙；C 龙上的髭须纹饰也存在明显的问题，髭须的出现应该可从纹饰演变中推导出来，必须有可靠的纹饰为过渡，所有纹饰变化都应该有据可寻。

C 型玉龙（图 8-9-1），高 26 厘米、髭长 21 厘米、颈部孔径 0.3～0.95 厘米，跟玉猪龙造型明显不同，耳、鼻、眼、鬃毛等都不同；这个"中华第一龙"是内蒙古翁牛特旗三星塔拉村的村民张凤祥卖给文化馆的，无明确出土记载，和玉猪龙没有必然联系。两者形态完全不相同，特别是头部鬃毛。C型玉龙无法从相关的地层研究或出土器物中得到证实。

世面上类似三星他拉 C 形玉龙造型玉器，全是现代制品；C 型玉龙没有明确的出土地层，不好确定年代，这是学界无法回避的事实。

从工艺来说，器物线条越细，年代越晚。以加工手法看，C 型玉龙明显晚于玉猪龙，工艺明显先进。玉猪龙是琢磨出头部，中间大穿孔，线锯切割开嘴部，再打磨边廓，加工手法比较简单，器物略显笨拙；C 型玉龙的工艺则完全不同，先打坯，画样，切割出 C 型，再打磨出细条，琢磨头部，细细琢磨身体；身体上带孔，穿孔位置有误，孔的作用不好理解，绑扎不好绑，悬挂不好挂，都会导致重心失调。

张凤祥说，C 型玉龙埋在石板下，带褐色铁锈包裹，这也无法理解。战国时，中国人开始冶铁，出现最早的铁器；C 龙在地上拖过，拖去包裹的铁锈；铁锈的包裹应该是不均匀，岫玉偏软，在地上拖，铁锈先后脱落，玉龙身上会有摩擦痕迹，但现在玉龙身上并未见摩擦痕迹。出土的红山玉、良渚玉都没有铁锈包裹，铁锈怎么到 C 龙身上的？

图 8-9　玉 龙

1C 形玉龙 红山文化　　　　　　　　2 西汉衔尾玉龙环
内蒙古翁牛特旗三星塔拉村发现　　　　安徽天长地区出土

C 型玉龙，断代在红山文化，就成为孤品，没有前，也没有后，特别是头部鬃须纹饰很难解释，怎么出现的，没有继承关系。

猪龙演变成螭龙，这个过程可从标准出土器物来推演，红山文化有玉猪龙，商代妇好墓葬中出土了很多类似红山玉猪龙的玉玦，妇好墓的玉玦完整演绎了猪龙演变成老虎的过程，河南三门峡虢国墓地也出土过西周玉猪龙，妇好墓出土的圆雕虎型玉器是猪龙变成螭纹的见证者，纹饰演变的脉络非常清晰。

C 型玉龙上嘴唇翘起，大眼睛，眉骨突起，无耳朵，头顶带长长的髭须。猪龙头部从不出现髭须，商代虎形纹饰上也没有髭须。到了东周，出现螭纹，螭纹头部才出现髭须。螭纹髭须的来源应该是青铜器物——牛头上的牛角，是水牛角的变形。

妇好墓出土的虎头带角纹饰，角形和商周时期青铜爵上的短柱很相似，虎头蛇身在演变成螭纹的过程中出现平面造型和侧面造型，侧面似虎，正面似蛇。侧面虎形头部带出长髭须；安徽天长地区出土的西汉衔尾玉龙环（图8-9-2），龙头带髭须飘卷，西汉衔尾玉龙环和 C 型玉龙两者出现的髭须纹饰存在相似点，头部都带鬃须，身体细长弯曲，头部带眉骨，上唇翘起；相似点多于红山文化的玉猪龙，可比性明显增多。

如果三星塔拉村村民说的是真话，则 C 型玉龙和西汉衔尾玉龙环的纹饰最接近，特别是头部的鬃须纹饰。头部鬃须不会凭空出现，其造型和纹饰都与西汉衔尾玉龙环相似，两者存在片雕和圆雕的差异，不过战汉还没有类似的圆雕玉龙。把 C 型玉龙的年代定在红山文化，明显是错误的，定在战汉，虽然不是很妥帖，至少能解释清 C 龙头部鬃须纹饰的演变过程，因为这一时期玉器上的螭纹纹饰头部已经出现鬃须。

玉猪龙明显带有民族群落的色彩，可借以品味从玉玦到兽首造型玉玦的过程，如果把 C 型玉龙看成其他民族群落的器物，这个民族群落的文明湮灭了，纹饰和器型消失了，这样的推断相对合理；只是，中华文明的进程，是地域间文化相互传播和影响的过程，不会有孤立的文化。

最后，还有一种可能， C 型玉龙只是个故事。

玉器中龙纹的演变过程

玉石器型的发展，受材料和工具的制约，总体而言，是从低硬度材质到高硬度材质；辽宁岫岩玉硬度较低，适合打磨，所以，岫岩玉成为最早被使用的玉石材料。

纹饰从无到有，由简到繁，纹饰依赖器型发展，器型通过纹饰来表现。兴隆洼文化的玉玦（图 8-10-1）没有纹饰，简单的玉玦上刻画出动物的眼睛，巴林右旗那日斯台遗址出土鸟形玉玦（图 8-10-2），不但有眼睛，还有耳朵，卷龙出现了，卷龙是红山文化的标志，卷龙有眼睛，耳朵，再配上嘴巴，牙齿，就变成了辽宁建平出土的玉猪龙（图 8-10-3）造型，这个过程很缓慢。

兴隆洼玉玦是玉石文化的起源，器型单纯，从中发展出动物纹饰，然后发展成玉猪龙（图 8-10-3），这是龙纹饰的早期纹饰。

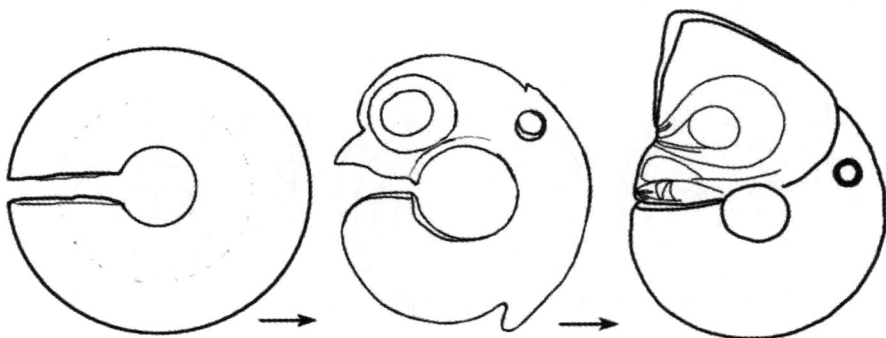

图 8-10 玉 玦

1 玉玦 兴隆洼文化　　　2 玉鸟形玦红山文化　　　3 玉猪龙 红山文化
内蒙古林西县白音长汗遗址 4 号墓　　巴林右旗那日斯台遗址出土　　辽宁建平出土

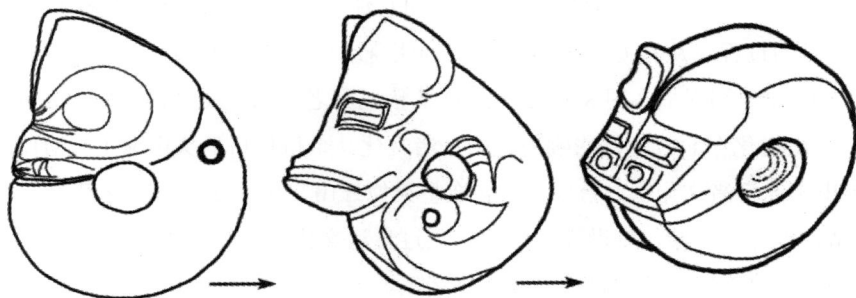

图 8-11 玉猪龙

1 玉猪龙 红山文化　　　2 玉猪龙 商晚期　　　　3 玉猪龙 西周
辽宁建平出土　　　安阳殷墟遗址出土　　河南三门峡虢国墓地出土

　　自然界中的动物很多，人类对自然的认识反映在玉石器物上，玉石器物
上出现大量动物纹饰。天空、大地、水代表自然三界，老鹰、老虎、鱼成为
三界动物的代表，这三种动物也被刻画在纹饰中。

　　猪龙玉玦纹饰的最大特点就是大耳朵，大耳朵纹饰是猪龙的典型特征，
河南安阳殷墟遗址出土的龙形玉玦（图 8-11-2）上也有一对大耳朵，虽然形
态变化，团身变细，前吻突出，可大耳朵的形态不变，这件玉器的纹饰是典

型的从猪龙到虎形的过渡纹饰；龙形玉玦的耳朵变小，团身变细，就变成河南三门峡虢国墓地出土的西周玉猪龙（图 8-11-3）。

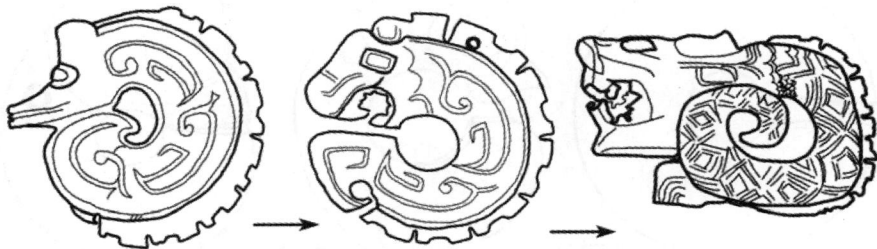

图 8-12 猪龙演变成老虎 商代

1 河南安阳花园庄 54 号墓　　　2 安阳殷墟妇好墓出土　　　3 安阳殷墟妇好墓出土

　　猪龙到老虎纹饰的演变，可从河南安阳花园庄 54 号墓的猪龙玉玦（图 8-12-1）上看出端倪，殷墟妇好墓出土的八件虎形玉器完整展示了猪龙演化成老虎的过程，从猪龙（图 8-12-2）到团身老虎（图 8-12-3），从团身（图 8-13-1）展开成卧式（图 8-13-2），纹饰从猪龙到老虎的演变过程在商代完成。

　　红山文化在北方，但影响南方的良渚文化，余杭星桥后头山遗址（M18：1）出土的良渚文化玉龙首纹玉珠，造型类似红山文化的猪龙，团身兽面，大眼睛，没有大耳朵，安徽凌家滩也出土过良渚文化环形玉龙。不少学者观点认为，良渚玉器上的神兽是老虎，良渚玉器上的神徽纹饰可以解释成神人骑虎，人骑着老虎，老虎是自然界中最凶猛的动物，征服老虎就是征服自然。不管是红山文化的猪龙，还是良渚文化中的神兽，最终都变成老虎纹饰。

　　纹饰从无到有，从刻画眼睛开始，有了眼睛，再刻画出耳朵，嘴巴，这些纹饰不是具象的，仅仅是对意识的刻画，以象征为目的，有了纹饰之后，才需要具象的刻画，眼睛要像什么动物，耳朵要像什么，等等。把抽象的意识化成具象的纹饰，于是就有了象形的老虎纹饰。

　　《诗经·商颂·玄鸟》说"天命玄鸟，降而生商"，天命的观念出现，商代玉器上的主要纹饰有鸟、虎、鱼三种；红山玉器上的鹰变成侧面造型的凤鸟，以凤鸟为纹饰的玉器很多，凤凰源于商朝玉鸟，从凤鸟纹饰演化成凤凰。

龙的原形是猪龙，在商朝形成有依据的老虎纹饰。

　　到西周，山西黎城县西关村出土了站立的玉虎（图 8-13-3）；以陆地动物为代表的老虎（图 8-13）成了玉器上的主要纹饰，也出现在青铜纹饰中。老虎是陆地上的主宰，老虎食人的事情很多，人类害怕老虎。

　　虎威武凶猛，又成为军队的象征，到了两周，玉虎成为战争的信物，以玉虎（图 8-14）表现士兵的勇猛，意喻猛虎之师，出师大捷，两周玉器大量使用玉虎纹饰，也有单独形态出现的玉虎，陕西宝鸡茹家庄伯墓出土有西周玉虎（图 8-14-1），山西曲沃羊舌村也出土过西周玉虎（图 8-14-2），还有双头造型的玉虎；两周时期，人类已经能够战胜老虎，人类对自然的敬畏减少，更加注重人文和礼仪，道家思想出现。

图 8-13 商周玉虎

1 商代	2 商代	3 西周
安阳殷墟妇好墓出土	安阳殷墟妇好墓出土	山西黎城县西关村出土

　　两周几乎都在忙于战争，玉虎纹饰发展到极致，以体现士兵的勇猛。玉虎（图 8-15）成了虎符，河南光山县宝相寺黄君孟墓出土的虎形玉佩（图 8-15-1），河北平山县中山国国王墓出土的虎形玉佩（图 8-15-2），复杂的纹饰，具有信符的作用，玉虎是君王对军队掌控的信物；一有战争，玉虎就成了士兵勇猛如虎，战争胜利的灵玉。

图 8-14 两周玉虎

1 西周	2 西周	3 战国
陕西宝鸡茹家庄伯墓出土	山西曲沃羊舌村出土	长治市分水岭 84 号墓出土

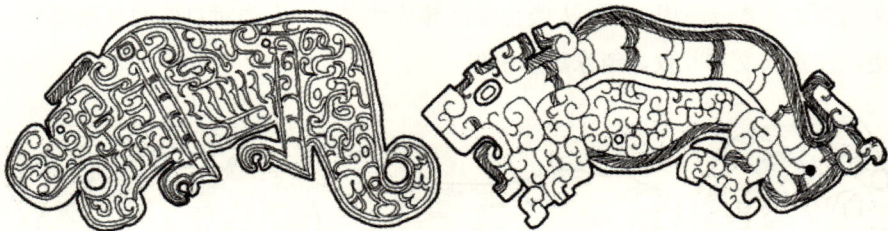

图 8-15 虎形玉佩

1 春秋	2 战国
河南光山县宝相寺黄君孟墓出土	河北平山县中山国国王墓出土

　　虎成为主要纹饰后，猪龙消失了，两周玉器盛行老虎纹饰，且不再以食人状态出现，人成了陆地的主宰，玉器纹饰上也变为人牵老虎。这一时期，玉虎逐鸟纹饰出现，凤鸟在天上飞翔，老虎在云层中逐凤鸟，成了神灵，于是螭纹出现了。长治市分水岭84号墓出土的战国螭纹玉虎（图8-14-3）。

　　东周时期，鱼纹淡化，鸟抓鱼，鱼是三界中最易征服的动物，鱼的形态比较单一，象征富足。鸟的种类繁多，纹饰和器型颇为复杂；老虎身上出现鱼鳞纹饰，成为水世界的神灵。天、地、水，三界中，水世界被鬼神的冥界替代，人对死亡产生恐惧，变成天、地、幽冥三界；蛇象征冥界。老虎纹饰出现三种形态：螭龙（图8-16-1）、螭虎、夔龙（图8-16-2），代表三界神灵。老虎扑鸟纹饰继续发展，玉器上大量使用云气纹饰，以表现天上的景象。老虎还在追逐凤鸟，螭龙成了天上的神灵。

到了西汉，冥界的鬼神被神仙化，出现土伯吃蛇纹饰，土伯负责守卫地下的亡灵，最后演化成玄武，玄武是土鳖和蛇搏杀的合体，所以有土鳖吃蛇的说法，夔龙逐渐消失，玄武成了幽冥界的象征。老虎扑凤纹饰中的凤鸟单独出来，变成朱雀。螭龙和螭虎都是天上的神灵，螭龙是侧面形态的螭纹，徐州狮子山楚王陵出土的龙纹玉佩（图 8-17-1）可见这一特征，螭虎是正面形态的螭纹，北京大葆台 2 号墓出土出土的龙形玉器（图 8-17-2）可见这个特征。

图 8-16　龙纹玉器

1 春秋　　　　　　　　　　　　　　　　　　　2 战国
河南三门峡市上村岭虢国墓地　　　　　　河北平山县南七汲村中山国 3 号墓出土

天、地、人三界思想的划分，受道家思想的影响，地上是人间，地下是鬼界，天上是神仙。幽冥的鬼世界，死后才会去，天上是神仙界，得道的人才能升天；怕死，自然对幽冥界产生恐惧；神仙都在天上，所以要用大量云气纹饰来表现；这种思想体现在马王堆一号汉墓的 T 形帛画中。

这一时期，漆器上尤其喜欢使用各种形态的云纹，动物纹饰也出现在云气中。《后汉书·舆服志》载：太皇太后车"云、虚纹画车"，"虚"是天上的神兽。人上了天，就是仙人，老虎上天，成了螭龙，神仙和螭龙合体，螭纹以拟人形态出现；漆器中头顶双角，下颌带山羊胡须，四肢似人，嘴巴类似鸟嘴的神兽就是龙纹的形态。

图 8-17 龙形玉器 西汉

1 徐州狮子山楚王陵出土　　　　　　　2 北京大葆台 2 号墓出土

　　龙是天上的圣物，龙是主，凤是辅，龙是天子的象征，只有天子才可以化身成龙。司马迁在《史记·高祖本纪》上说："刘媪尝息大泽之陂，梦与神遇。是时雷电晦冥，太公往视，则见蛟龙予其上。已而有身，遂产高祖。"自此以后，皇帝是真龙天子的说法开始流传。

　　西汉后期，侧面造型的螭龙逐渐消失，螭龙螭虎合并，以正面造型（图 8-18）为主，衡阳市蒋家山 M4 出土螭龙玉器（图 8-18-1）和上海博物馆藏螭纹衔尾玉器（图 8-18-2）上，螭纹是弯曲状的，躬身穿云，龙纹正式出现。正面造型的螭虎发展成独立的立体圆雕形式，成了辟邪兽，龙纹也以立体圆雕的形式出现。这一时期的人，普遍接受神仙思想，天地人鬼并列，不再敬畏自然，只敬畏意识世界中的鬼神；《论语·雍也》："务民之义，敬鬼神而远之"。

图 8-18 螭龙玉器　东汉

1 衡阳市蒋家山 M4 出土　　　　　　　2 上海博物馆藏

图 8-19 鲜卑白玉龙纹牌饰

南朝宋元嘉七年

　　龙纹的演变中出现复古，正面的螭纹模仿东周玉器纹饰，四神纹饰演变成龙纹（图8-19）的集合体，凤嘴、凤爪、虎头、蛇身集合在一起；西晋出现带有鸟形尖勾嘴的龙纹饰，头上双角，螭、鸟、蛇合体，龙纹成了天子独特的象征，皇帝的化身；真龙天子与皇帝结合在了一起，各种神话传说出现，龙纹造型大量出现在皇族的日常生活中。

　　到了唐代，龙纹形成了具体的纹饰造型，也是皇族特有的纹饰，在皇室中普遍使用，出现在许多高等级器物的纹饰中，民间普遍敬畏龙的纹饰，龙（图8-20）成为天地间最大权力的象征。

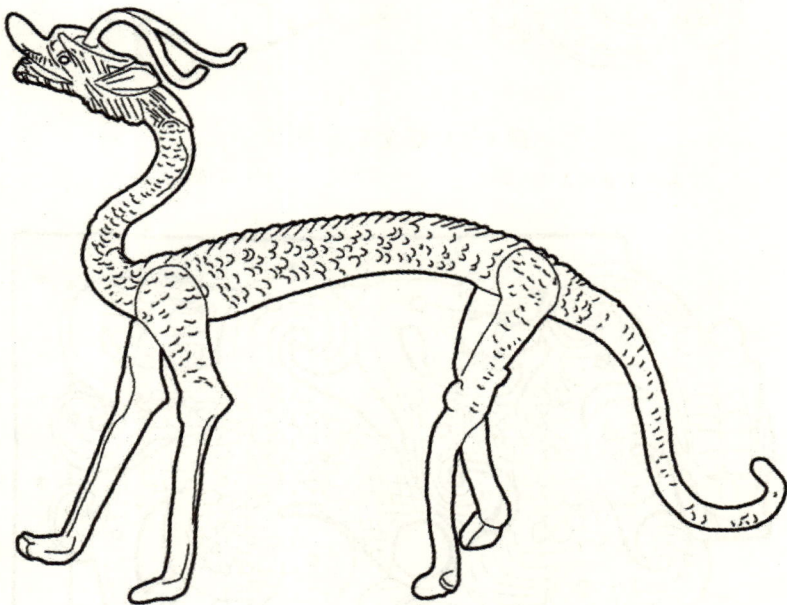

图 8-20 金龙 唐

西安市南郊何家村窖藏出土

　　唐之后的历朝历代，为了强调皇族血统的高贵，把龙都当成了皇权特有的纹饰，元代更是禁止民间使用，历朝历代都添加想象，龙成为天地间万物之神的化身。

纹饰的演变，是一个道法自然的过程；《老子》："人法地，地法天，天法道，道法自然。"纹饰的发展，是人类对自然界的认识深入的过程。人类在探索自然和征服自然过程中产生龙纹，原始主体是老虎，人类恐惧和害怕而产生想象，螭龙是老虎在天上的化身，螭龙统一了天、地、鬼三界的神灵，开始拟人化，螭龙成了三界的神灵之首。虎的形态，蛇的身体，鸟的爪子和尖勾嘴，形成龙纹。

玉器的外在形式体现儒家思想，儒家思想对玉器的材质和器型加以规范，把玉器推到礼器的高度；道家对自然的探索表现在玉器的纹饰中，玉器的纹饰体现了道家的思想。

纹饰从无到有，是无意识的抽象，有了纹饰，再有意识形成具象，从具象又幻化成抽象，这个过程中发生思想的融合，自主意识改变，形成意识世界里的龙纹。

参考文献

论 文

[1] 鲍晓.汉代玉舞人造型小考[J].艺术百家,2008(8).

[2] 曹楠.三代时期出土柄形玉器研究[J].考古学报,2008(2).

[3] 陈斯文,刘云辉.略论汉墓出土玉璧及其蕴含的丧葬观念[J].文博,2012(2).

[4] 戴应新.神木石峁龙山文化玉器[J].考古与文物,1988(5,6).

[5] 高飞,冯敏,王荣,吴卫红,王昌燧.薛家岗遗址出土古玉器的材质特征[J].岩矿测试,2006(9).

[6] 河北省文物研究所.河北定县40号汉墓发掘简报[J].文物,1981(8).

[7] 何明跃,朱友楠,李宏博.江苏省溧阳梅岭玉(软玉)的宝石学研究[J].岩石矿物学杂志,2002(9).

[8] 河南省文物考古研究所,安阳县文化局.河南安阳市西高穴曹操高陵[J].考古,2010(8).

[9] 胡进驻.关于洛阳周都与东周王陵的几个问题[J].考古与文物,2006(5).

[10] 李晓岑.关于中国铅钡玻璃的发源地问题[J].自然科学史研究,15(2).

[11] 刘璞.道家美学"虚实观"对中国画的影响[J].大众科学·科学研究与实践,2008(9).

[12] 刘国祥.大甸子玉器试探[J].考古,1999(11).

[13] 欧潭生.春秋早期黄君孟夫妇墓发掘报告[J].考古,1984(4).

[14] 齐东方.中国早期金银器研究[J].华夏考古,1999(4).

[15] 钱耀鹏.中国古代斧钺制度的初步研究[J].考古学报,2009(1).

[16] 曲石.东周中原玉器的发现与研究[J].中原文物,1991(4).

[17] 山东省菏泽地区汉墓发掘小组.巨野红土山西汉墓[J].考古学报,1983(4).

[18] 陕西省考古研究所,渭南市考古所,韩城市文物局.陕西韩城梁代村芮国墓地西区发掘简报[J].考古与文物,2010(1).

[19] 申斌."妇好墓"玉器材料探源[J].中原文物,1991(1).

[20] 孙机.洛阳金村出土银着衣人像族属考辨[J].考古,1987(6).

[21] 田勇,赵晓斌.湖北荆州院墙湾一号楚墓[J].文物,2008(4).

[22] 王支援,安亚伟.对洛阳东周墓的几点认识[J].考古与文物,2000(4).

[23] 项楠,白峰,邱添,林湲,吴百灵.古玉白沁作伪方法的实验研究[J].宝石和宝石学杂志,2010(6).

[24] 张守中,郑名桢,刘来成.河北省平山县战国时期中山国墓葬发掘简报[J].文物, 1979 (1).

[25] 浙江省文物考古研究所,浙江杭州市余杭区文管会.浙江余杭星桥后头山良渚文化墓地发掘简报[J].南方文物,2008(3).

[26] 中国社会科学院考古研究所安阳工作队.河南安阳市花园庄 54 号商代墓葬[J].考古,2004(1) .

图 书

[1] 广东省文物局,广东省文物考古研究所,广州市文物考古研究所,深圳市文物考古鉴定所.广东文物考古三十年[M].暨南大学出版社,2009.

[2] 古方.中国出土玉器全集[M].科学出版社,2005.

[3] 孔祥星,刘一曼.中国铜镜图典[M].文物出版社,1993.

[4] 杨伯达.古玉史论[M].紫禁城出版社,2004.

[5] 袁胜文.中国古代玉器[M].南开大学出版社,2012.4.

[6] 张兰香,钱振锋.古今说玉[M].上海文化出版社,1997.

[7] 中国社会科学院考古研究所.殷墟妇好墓[M].文物出版社,1980(12).

[8] 中国社会科学院考古研究所.安阳殷墟出土玉器[M].科学出版社,2005.

[9] 周世荣,王跃.中国漆器图案集[M].人民美术出版社,2006.

注: 部分参考资料来源于"百度百科" 和 "百度搜索"

后 记

　　我从事收藏古玉已有十几年，开始也十分茫然态，到处求人鉴定；在听取别人意见的过程中发现，古玉鉴定很复杂，既没有谁能明确说明，也没有人能对古玉真伪给出让人信服的定论，于是古玉真伪的鉴定成了让人头疼的问题。

　　在鉴定无果的情况下，为了去伪存真，唯有自学，我翻阅了大量古玉方面的书籍，也上网查找信息。这个过程中，要感谢陕西省文物信息咨询中心，让我结识了那么多的好老师好朋友，通过和他们的沟通交流，我学到了很多专业知识。

　　学习是个锻炼和成长的过程，学习中我形成了一些独特见解，为将这些见解表达出来，在老师和好友的帮助和鼓励下，我提笔尝试，逐渐成长为能提笔写一些文章的作者，但总感觉到自己的不足，尤其是缺少文字驾驭能力，无法表达思维的精细之处。

　　古玉辨伪很难论述，虽然有前人的文章可以参考，却总觉得达不到鉴定古玉真伪的目的。市面上的收藏书籍很多，但对古玉的鉴别停留在对表面现象的分析和理解上，缺少深度和内涵。于是想把自己逐渐成熟的见解和观念集结成册，不提笔写书是不行的了。

　　有些观点，仅仅是灵光一闪，为求证，进行了大量的资料收集和整理工作，从资料中找寻佐证，以印证这些观点并使之成熟。写作是个艰辛的过程，在浩瀚的资料中找寻例证，再以羞涩的文笔写成难懂的文字，这需要付出大量的时间和精力，还要不断斟酌和修改。对象又是古玉这样一个颇具争议的领域，需要长期的经验积累和理论知识，写作的难度可想而知。该书三易其稿。第一稿，仅有观点，内容则杂乱无序。第二稿，内容进行了调整和归纳，但通读全稿，发现没有图片辅佐说明还真不好理解，于是找了许多图片做插图。但图片有版权问题的，只能自己动手描绘。对我这个没有美术基础的人来说，这真是一件很艰难的工作。通过不懈的努力，完成了插图，书中插图都是自己亲手完成，难免粗糙，请大家见谅。第三稿仍在进行中，读者能读到这个后记，大概是第三稿完成之时。

从开始有念头写书，到大体定稿，过程很漫长，其中的艰辛和快乐只有自己能体会。当自己的观点在不断的求证过程中得到证实后，那份欣喜让我享受；而论证和推理陷入瓶颈时，那份无奈和挣扎也只有自己承受。但是无论是欣喜还是挣扎，都让观点更加成熟起来。

本书的出版，要感谢陕西省宝鸡考古研究所刘明科老师，他在百忙之中抽空读完我的文章并为本书做序。

图书在版编目(CIP)数据

古玉鉴真.战汉玉器篇/孙为东著. —厦门:厦门大学出版社,2013.11
ISBN 978-7-5615-4808-0

Ⅰ.①古⋯ Ⅱ.①孙⋯ Ⅲ.①古玉器-鉴定-中国-战国时代②古玉器-鉴定-中国-汉代 Ⅳ.①K876.84

中国版本图书馆 CIP 数据核字(2013)第 266346 号

厦门大学出版社出版发行

(地址:厦门市软件园二期望海路 39 号 邮编:361008)

http://www.xmupress.com

xmup @ xmupress.com

厦门市明亮彩印有限公司印刷

2013 年 11 月第 1 版 2013 年 11 月第 1 次印刷

开本:720×970 1/16 印张:13.75 插页:6

字数:200 千字 印数:1~3 000 册

定价:50.00 元

本书如有印装质量问题请直接寄承印厂调换